Spanische
Grammatik

Cornelsen

Spanische Grammatik

Von Wolfgang Halm

Beratende Mitwirkung:
Prof. Dr. Michael Scotti-Rosin

Umschlaggestaltung: hawemannundmosch, bureau für gestaltung, berlin
Layout: Stephan Hilleckenbach, Berlin
Technische Umsetzung: Rainer Bachmaier, Berlin
Illustrationen: Laurent Lalo

www.cornelsen.de

1. Auflage, 1. Druck 2006

Druck: Clausen & Bosse, Leck

ISBN-13: 978-3-589-22229-2
ISBN-10:   3-589-22229-8

 Inhalt gedruckt auf säurefreiem Papier,
umweltschonend hergestellt aus chlorfrei gebleichten Faserstofen.

Die **Spanische Grammatik** ist ein praktisches Handbuch für alle, die die spanische Sprache erlernen und ihre Grammatikkenntnisse verbessern wollen. Sie bietet gründliches Orientierungswissen und ist ideal sowohl zum Nachschlagen und Wiederholen zu Hause als auch kursbegleitend im Unterricht.

Die **Spanische Grammatik** gibt einen Überblick über die grundlegenden grammatischen Erscheinungen der spanischen Sprache heute. Dabei werden die Strukturen und Regeln, die für die Kommunikation bis zur Niveaustufe B1 des Gemeinsamen europäischen Referenzrahmens vorausgesetzt werden, in leicht verständlicher Sprache erläutert. Die verwendeten grammatischen Begriffe und Kategorien werden immer dort, wo sie eingeführt werden, definiert und erklärt. Die zahlreichen und anschaulichen Beispielsätze helfen, die grammatischen Phänomene und Regeln gut zu erfassen.

Zum schnellen Nachschlagen gibt es am Schluss des Buches die wichtigsten grammatischen Themen in einem alphabetischen Stichwortregister.

Verlag und Autor wünschen viel Spaß und Erfolg beim Arbeiten mit der **Spanischen Grammatik**.

Inhalt

Die Präposition   115

Die Konjunktion   122

Die Wortstellung im Satz   126

Anhang   129

Vielleicht vorweg zwei mögliche Irrtümer:

Grammatik ist etwas Schwieriges, Fremdes, weil sie immer mit lateinischen (oder anderen) Fachausdrücken verbunden ist.

Grammatik ist wie ein dickes Gesetzbuch und man verstößt immer wieder gegen irgendwelche Regeln.

Irrtum 1: Natürlich gibt es Ausdrücke für sprachliche Erscheinungen, so wie Sie einen Tisch „Tisch" oder „**mesa**" nennen, wenn Sie einem anderen etwas sagen oder erklären wollen. Aber das Etikett ist nicht das Entscheidende.
Sie brauchen also keine Sicherheit in der Verwendung von Etiketten, die Ihnen irgendwie fremd bleiben, und Sie können die Etiketten auch ruhig immer wieder vergessen, sobald Sie im Zusammenspiel von konkreten Beispielen und dazu passenden Erklärungen verstanden haben, worum es im Einzelfall geht.

Irrtum 2: Grammatik ist kein Gesetzbuch und es gibt für „Fehler" keine Strafen. Fehler sind nur dann wirklich schlimm, wenn sie die Verständigung stören oder gar unmöglich machen. Ihre Kursleiterin bzw. Ihr Kursleiter – oder Ihr Gesprächspartner – wird Sie darauf aufmerksam machen und zurückfragen. Ansonsten aber sind Grundkenntnisse der Grammatik nicht nur eine Ausdruckshilfe, sondern vor allem auch eine Verständnishilfe: Sie lernen zu verstehen, ob jemand von gestern, heute oder morgen spricht, ob er etwas immer wieder oder nur einmal in einem bestimmten Moment gemacht hat usw.

Das Nomen

1 Grundsätzliches

Ein Nomen *(un sustantivo)* ist ein Wort, das eine Person, einen Gegenstand oder etwas Abstraktes bezeichnet: Vater, Tisch, Freiheit.

Im Deutschen werden Nomen groß geschrieben, im Spanischen nicht.

Nomen haben ein Genus (Geschlecht), d.h. sie können maskulin oder feminin sein: der Vater, die Mutter.
Im Deutschen können Nomen im Gegensatz zum Spanischen auch neutral, d.h. „sächlich" sein: das Kind.

Nomen haben Formen für Singular (Einzahl) und für Plural (Mehrzahl):
ein Dach, Dächer.

2 Das Genus der Nomen

Genus *(el género)* nennen wir das Geschlecht eines Nomens. Es kann maskulin sein (**masculino**, abgekürzt *m.*) oder feminin (**femenino**, abgekürzt *f.*).

maskulin	feminin
el libro	la carta
das Buch	der Brief
el profesor	la profesora
der Lehrer	die Lehrerin
el gato	la gata
der Kater	die Katze
el tiempo	la flor
die Zeit	die Blume

1 Maskuline und feminine Endungen

1. Die allermeisten Nomen mit der Endung -o sind maskulin: **el amigo**, **el armario, el zapato** (der Freund, der Schrank, der Schuh) usw.

Einige wichtige Ausnahmen: **la mano** *f.*   die Hand
                             la radio *f.*   das Radio, der Rundfunk

Oder geläufige Kurzformen: la foto *f.* (= fotografía)   die Fotografie, das Foto
                               la moto *f.* (= motocicleta)   das Motorrad

2. Die allermeisten Nomen mit der Endung
-a sind feminin: **la amiga, la bicicleta,
la escuela** (die Freundin, das Fahrrad, die
Schule) usw.

Einige wichtige Ausnahmen, darunter vor
allem Wörter griechischen Ursprungs mit
der Endung -ma:

el día *m.*	der Tag
el sistema *m.*	das System
el problema *m.*	das Problem
el clima *m.*	das Klima

3. Einige Endungen von Nomen geben mit absoluter Sicherheit das Genus an:

-dad ist immer feminin:	la universidad *f.*	die Universität
-tad ist immer feminin:	la libertad *f.*	die Freiheit
-ión ist immer feminin:	la región *f.*	die Gegend
-tud ist immer feminin:	la juventud *f.*	die Jugend
-ón ist immer maskulin:	el balón *m.*	der Ball
-or ist immer maskulin:	el amor *m.*	die Liebe

4. Andere Endungen, wie z. B. -e, geben keinen Hinweis auf das Genus.

el parque *m.*	der Park
la leche *f.*	die Milch

Es ist also sinnvoll, sich immer zusammen mit dem Nomen auch den Artikel ein-
zuprägen, der mit ganz wenigen Ausnahmen das Genus angibt. (► NR. 6.1)

Bei all dem ist zu beachten, dass das Genus nicht immer mit dem deutschen
übereinstimmt. So sind z. B. Zahlen, Nummern (**el número**), die Sonne (**el sol**)
und Zeitungen (**el periódico**) im Spanischen maskulin.

Le han dado un 10.	Er hat eine 10 (beste Note) bekommen.
Mi número es el 12 34 56 78.	Meine Nummer ist 12345678.
Paseamos por el Spree.	Wir gehen an der Spree spazieren.
Leo el «Frankfurter».	Ich lese die Frankfurter.

2 | Maskuline und feminine Formen bei Personenbezeichnungen

1. Aus maskulinen Personenbezeichnungen auf -o und -or wird die feminine Form auf -a und -ora gebildet. (Vgl. die deutsche Endung -in).

el amigo	la amiga	der Freund	die Freundin
el hermano	la hermana	der Bruder	die Schwester
el hijo	la hija	der Sohn	die Tochter
el profesor	la profesora	der Lehrer	die Lehrerin

2. Personenbezeichnungen auf -e und -ista werden maskulin und feminin gebraucht.

| el cantante | la cantante | der Sänger | die Sängerin |
| el periodista | la periodista | der Journalist | die Journalistin |

3. Für einige feminine Personenbezeichnungen gibt es ein eigenes Wort.

el padre	la madre	der Vater	die Mutter
el rey	la reina	der König	die Königin
el actor	la actriz	der Schauspieler	die Schauspielerin

4. Für einige Berufsbezeichnungen gibt es nur eine maskuline Form für beide Geschlechter.

| el médico | la médico | der Arzt | die Ärztin |

Neuerdings sieht man aber auch die feminine Form **médica**.

3 Singular und Plural

1 | Regeln der Pluralbildung

Der Plural des Nomens wird nach zwei einfachen Regeln gebildet.

Singular *(el singular)*		Plural *(el plural)*	
el amig**o**	der Freund	los amig**o-s**	die Freunde
la amig**a**	die Freundin	las amig**a-s**	die Freundinnen
la ciud**ad**	die Stadt	las ciud**ad-es**	die Städte

1. Bei Endung auf Vokal wird im Plural ein -s angehängt.

2. Bei Endung auf Konsonant wird im Plural **-es** angehängt.

Das Wort wird dabei um eine Silbe länger. Die Betonung bleibt aber auf derselben Silbe wie im Singular. So kann ein Akzent überflüssig werden: **la región, las regiones** (die Gegend, die Gegenden).
(Silben und Betonung ► ANHANG 2)

2 | Plural: Einige Besonderheiten

Der Plural von Personenbezeichnungen kann bedeuten: Mann + Frau.

el padre	der Vater
los padres	die Eltern
el señor García	Herr García
los señores García	Herr und Frau García

Manche Nomen, vor allem solche, die Gegenstände aus zwei symmetrischen Teilen bezeichnen, kommen nur im Plural vor.

las gafas	die Brille
las tijeras	die Schere
los alrededores	die Umgebung
las ganas	die Lust (auf etwas)

Die Grußformeln zu den verschiedenen Tageszeiten stehen im Plural.

Buenos días.	Guten Morgen. (bis ca. 13.00 Uhr)
Buenas tardes.	Guten Tag. (bis ca. 20.00 Uhr)
Buenas noches.	Guten Abend. / Gute Nacht.

Der Plural eines Wochentags zeigt die Wiederholung jeweils an diesem Tag an: immer am Freitag, freitags.

Los viernes tengo clase de español.
Freitags habe ich Spanischunterricht.

clase de español

viernes 12 viernes 19 viernes 26 ?

Spanischunterricht
Freitag 12., 19., 26.

Die Begleiter des Nomens

4 Grundsätzliches

In den folgenden Abschnitten finden Sie die Wortarten, die wir als „Begleiter" des Nomens bezeichnen, also Wörter, die in unmittelbarer Verbindung mit dem Nomen eine Wortgruppe bilden können:

> Artikel (der, die, das, ein, eine)
> Demonstrativbegleiter (dieser, jener)
> Possessivbegleiter (mein, dein usw.)
> unbestimmte Begleiter (einige, alle usw.)
> Fragebegleiter (welcher, was für ein)
> Zahlwörter (1, 2, 3, der Erste, Zweite usw.)

5 Der Artikel

Der Artikel *(el artículo)* ist ein wichtiger Begleiter des Nomens und zeigt mit wenigen Ausnahmen das Genus des Nomens an; er hat Formen für Singular und Plural.

Der bestimmte Artikel (deutsch: der, die, das) zeigt an, ob von einer bereits genannten oder bekannten Sache/Person die Rede ist: der Tisch (von dem wir sprechen oder vor dem wir stehen), der Vater von Nina (jeder weiß, dass Nina einen Vater hat, auch wenn bisher nicht von ihm die Rede war).

Der unbestimmte Artikel (deutsch: ein) zeigt an, dass eine noch nicht genannte oder bekannte Sache/Person in die Mitteilung eingeführt wird: Julia hat sich ein Auto gekauft. Er hat eine Schwester in Berlin.

Esto es un perro.
Das ist ein Hund.

Esto es el perro del señor Rossi.
Das ist der Hund von Herrn Rossi.

6 Der bestimmte Artikel

1 Formen

1. el, la

Die Formen des bestimmten Artikels *(el artículo determinado)* sind im Singular
el/la, im Plural los/las.

	maskulin	feminin
Singular	**el** estudiante der Student	**la** estudiante die Studentin
Plural	**los** estudiantes die Studenten	**las** estudiantes die Studentinnen

Der Artikel gibt in der Regel das Geschlecht des Nomens an. Es gibt hiervon nur
eine Ausnahme: Ein feminines Nomen, das mit betontem a- (oder ha-) beginnt,
nimmt – nur im Singular – den Artikel **el** als Begleiter.

el hambre *f.*	der Hunger
el agua *f.*	das Wasser
el ama *f.* de casa – las amas de casa	die Hausfrau – die Hausfrauen

Mit a und de verbindet sich der Artikel **el** – nur im Singular – zu einem Wort:
del, al. Andere Zusammenziehungen gibt es im geschriebenen Spanisch nicht; in
der gesprochenen Sprache wird allerdings Vieles in ähnlicher Weise verschliffen.

| a + el = al | ¿Vamos **al** cine? | Gehen wir ins Kino? |
| de + el = del | Vivo cerca **del**
supermercado. | Ich wohne in der Nähe vom
Supermarkt. |

2. Das Neutrum lo

Es gibt im Spanischen kein neutrales Nomen (wie z. B. deutsch: das Haus). Der
neutrale Artikel lo wird zur Substantivierung von Ordnungszahlen, Adjektiven
und Possessivpronomen verwendet und steht mit der maskulinen Form im
Singular.

lo primero	das Erste
lo bueno es que ...	das Gute (an der Sache) ist, dass ...
lo tuyo	das Deine, deine Sachen

Este mes ha llovido más de lo normal.
Diesen Monat hat es mehr geregnet als normalerweise.

Lo de steht für eine – dem Gesprächspartner bekannte, aber nicht genauer benannte – Angelegenheit.

Siento mucho lo de ayer.
Das von gestern tut mir Leid.
Lo de Alfredo no me gusta nada.
Das mit Alfred gefällt mir gar nicht.

2 | Gebrauch

Der bestimmte Artikel wird weitgehend so verwendet wie im Deutschen. Aber es gibt auch einzelne Abweichungen.

Der bestimmte Artikel (ohne Präposition) wird zur Angabe des Wochentags oder eines Datums (mit Grundzahl) gebraucht: am Freitag, am zwölften.

El viernes que viene tengo un examen.
Nächsten Freitag habe ich eine Prüfung.
El (día) doce vienen mis amigos.
Am Zwölften kommen meine Freunde.

Wenn mit **señor, señora, señorita, profesor** (Herr, Frau, Fräulein, Professor) usw. über die betreffende Person gesprochen wird, benutzt man den bestimmten Artikel: el señor, la señora usw.

El señor Díaz llega hoy.　　　　La señora Miranda no está.
Herr Díaz kommt heute an.　　　Frau Miranda ist nicht da/am Platz.

Wird die Person direkt angesprochen, so steht natürlich kein Artikel.

¡Señor Díaz, señor Díaz, teléfono para Ud.!
Herr Díaz, Herr Díaz, Telefon für Sie!

7 Der unbestimmte Artikel

1 Formen

Der unbestimmte Artikel *(el artículo indeterminado)* un (ein) steht bei
maskulinen, una (eine) bei femininen Nomen.

	maskulin	feminin
Singular	un amigo	una amiga
	ein Freund	eine Freundin
Plural	unos amigos	unas amigas
	einige Freunde	einige Freundinnen

Eine der wenigen Ausnahmen: un agua mineral, un ama de casa (ein Mineral-
wasser, eine Hausfrau). (▶ NR. 6.1)

2 Gebrauch

Der unbestimmte Artikel im Singular wird verwendet wie im Deutschen. Eine
Besonderheit des Spanischen ist der unbestimmte Artikel im Plural: unos, unas
(einige /ein paar). Er wird dann verwendet, wenn eine kleine, unbestimmte Zahl
ausgedrückt werden soll (und ist daher oft gleichbedeutend mit algunos,
algunas, un par de – einige, manche, ein paar).

> Mis padres tienen una casa en Aranjuez.
> Meine Eltern haben ein Haus in Aranjuez.
> Mercedes baila con unos amigos.
> Mercedes tanzt mit (ein paar) Freunden.

In Verbindung mit Zahlen bedeutet unos/unas „etwa", „ungefähr".

> José tiene unos 20 años.　　José ist etwa 20 Jahre alt.

8 Der Demonstrativbegleiter

Der Demonstrativbegleiter *(el determinante demostrativo)* kann an die Stelle
des bestimmten Artikels *(m./f.)* treten und das Substantiv begleiten.

Beachten Sie die Pluralbildung, die nicht mit der normalen Pluralbildung der
Adjektive übereinstimmt: este – estos, ese – esos, aquel – aquellos (diese/r/s –
diese, der/die/das ... da drüben – diese ... da drüben, der/die/das ... dort – die ... dort).

	Singular	Plural
maskulin	**este** bolso	**estos** bolsos
	diese Tasche	diese Taschen
feminin	**esta** maleta	**estas** maletas
	dieser Koffer	diese Koffer
maskulin	**ese** bolso	**esos** bolsos
	die Tasche da drüben	die Taschen da drüben
feminin	**esa** maleta	**esas** maletas
	der Koffer da drüben	die Koffer da drüben
maskulin	**aquel** bolso	**aquellos** bolsos
	die Tasche dort	die Taschen dort
feminin	**aquella** maleta	**aquellas** maletas
	der Koffer dort	die Koffer dort

1 Raum- und Zeiteinteilung durch Demonstrativbegleiter

Die Demonstrativa **este, ese, aquel** (diese/r/s, der/die/das ... da drüben, der/die/das ... dort) haben eine Entsprechung in den Ortsangaben **aquí, ahí, allí** (hier, dort), das heißt sie bezeichnen Sachen/Personen, die sich in der Nähe des Sprechers, in einiger Entfernung oder weiter entfernt befinden.

- ¿Es **esta** maleta la tuya? – Sí, cógela.
  Ist das hier dein Koffer? Ja, nimm ihn.
  (esta maleta, aquí = dieser Koffer)

- Coge **esa** maleta, es la mía.
  Nimm den Koffer da drüben, das ist meiner.
  (esa maleta, ahí = der Koffer dort/da drüben)

- Oye, **aquella** maleta azul, ¿no es la tuya?
  Hör mal, der blaue Koffer dort – ist das nicht deiner?
  (aquella maleta, allí = der Koffer dort, jener Koffer)

Die gleichen Demonstrativa bestimmen auch „Zeit-räume":

- **este** bezieht sich auf die Gegenwart   **esta** mañana (heute Morgen)
- **ese** auf einen früheren (aber gerade   **esa** mañana (an diesem Morgen)
  erwähnten) Zeitraum,
- **aquel** ist schon länger her.   **aquella** mañana (an jenem Morgen)

(▶ Nr. 24)

9 Der Possessivbegleiter

Die Possessivbegleiter *(los determinantes posesivos)* werden in keinem Fall
an das Geschlecht des „Besitzers" angeglichen. (Vgl. deutsch: sein Freund / ihr
Freund, spanisch: **su amigo**.)

- ¿Es **su** gato, no?
  Das ist Ihre Katze, nicht wahr?
- No, el **mío** no come pájaros nunca.
  Es suyo ¿no?
  Nein, meine frisst niemals Vögel.
  Es ist Ihre, oder?
- Pues no, **mi** gato está en casa.
  Aber nein, meine Katze ist zu Hause.

Die Possessivbegleiter **mi, tu, su** (mein, dein, sein) werden unterschiedslos für
maskulinen oder femininen „Besitz" verwendet. Nur **nuestro** und **vuestro**
(unser, euer) werden an das Nomen angeglichen: **nuestro amigo** / **vuestra
amiga** (unser Freund / eure Freundin).

Der Possessivbegleiter **su** gilt unterschiedslos für alle „Besitzer", die im
Spanischen der 3. Person Singular und Plural zugerechnet werden: **él, ella,
Ud., ellos, ellas, Uds.**

Besitzer	Possessivbegleiter + „Besitz"	
	maskulin	**feminin**
yo ich	**mi** amigo mein Freund	**mi** amiga meine Freundin
tú du	**tu** amigo dein Freund	**tu** amiga deine Freundin

Besitzer	Possessivbegleiter + „Besitz"	
	maskulin	feminin
él, ella, Ud. er, sie, Sie	su amigo sein Freund, ihr Freund, Ihr Freund	su amiga seine Freundin, ihre Freundin, Ihre Freundin
nosotros/-as wir	nuestro amigo unser Freund	nuestra amiga unsere Freundin
vosotros/-as ihr	vuestro amigo euer Freund	vuestra amiga eure Freundin
ellos, ellas, Uds. sie, Sie	su amigo ihr Freund, Ihr Freund	su amiga ihre Freundin, Ihre Freundin

Die Possessivbegleiter bilden die Pluralform wie Adjektive: mis amigos, tus amigas, nuestras amigas (meine Freunde, deine Freundinnen, unsere Freundinnen) usw.

(► NR. 23)

10 Der unbestimmte Begleiter

Die meisten unbestimmten Begleiter *(determinantes indefinidos)* bezeichnen unbestimmte Mengen. (Auch wenn sie wie z. B. der Begriff „alle" eine Gesamtheit bezeichnen, ist die konkrete Menge doch nicht benannt.)

(► NR. 25)

1. algún, ningún

Algún und ningún (irgendein/e, kein/e) sind die verkürzten Formen der unbestimmten Pronomen alguno, ninguno. (► NR. 25)

maskulin	feminin
algún bar irgendeine Kneipe	alguna librería irgendeine Buchhandlung
algunos bares irgendwelche Kneipen	algunas librerías irgendwelche Buchläden
ningún bar keine Kneipe	ninguna librería keine Buchhandlung
–	–

Ningún/ninguna (kein/e) hat als unbestimmter Begleiter im Gegensatz zum Deutschen keine Pluralform:

No hay ningún bar por aquí.	Hier (in der Gegend) gibt es keine Kneipe.
No hay bares por aquí.	Hier (in der Gegend) sind keine Kneipen.

2. mucho, poco, tanto, bastante, demasiado

Diese Mengenangaben (viel, wenig, so viel, genug, zu viel) sind in Genus und Zahl veränderlich, haben also jeweils vier (**mucho, poco, tanto, demasiado**) bzw. zwei Formen (**bastante**).

maskulin Singular			feminin Singular		
Tengo	**poco**	trabajo.	Hoy hay	**poca**	gente aquí.
Ich habe	wenig	Arbeit.	Heute sind	wenige	Leute hier.
	mucho			**mucha**	
	viel			viele	
	tanto			**tanta**	
	so viel			so viele	
	demasiado			**demasiada**	
	zu viel			zu viele	
Tengo	**bastante**	trabajo.			
Ich habe	genug	Arbeit.			
maskulin Plural			feminin Plural		
Tengo	**pocos**	libros.	Hoy hay	**pocas**	chicas aquí.
Ich habe	wenige	Bücher.	Heute sind	wenige	Mädchen hier.
	muchos			**muchas**	
	viele			viele	
	tantos			**tantas**	
	so viele			so viele	
	demasiados			**demasiadas**	
	zu viele			zu viele	
Ayer vendieron	**bastantes**	billetes.			
Gestern haben sie	genug	Eintrittskarten verkauft.			

3. otro

Auch **otro** (ein/e andere/r) ist in Genus und Zahl veränderlich. Anders als im Deutschen steht es ohne unbestimmten Artikel.

¿Tienes	**otro** libro?	¿Tenéis	**otra** foto?
	Hast du (noch) ein anderes Buch?		Habt ihr (noch) ein anderes Foto?
	otros libros?		**otras** fotos?
	Hast du (noch) andere Bücher?		Habt ihr (noch) andere Fotos?

Otro kann zwei verschiedene Bedeutungen haben: „dasselbe noch einmal" oder „nicht dasselbe, sondern etwas anderes".

¿Quieres otro <u>zumo</u>?
Willst du noch einen Saft?

¿Quieres <u>otro</u> zumo?
Willst du einen anderen Saft?

4. el mismo, el otro

El **mismo** (derselbe, der gleiche) und **el otro** (der andere) sind ebenfalls in Genus und Zahl veränderlich.

el mismo / **el otro** parque	**la misma** / **la otra** calle
derselbe / der andere Park	dieselbe / die andere Straße
los mismos / **los otros** parques	**las mismas** / **las otras** calles
die gleichen / die anderen Parks	die gleichen / die anderen Straßen

5. varios

Varios, varias (einige/mehrere) wird ähnlich wie **algunos, algunas** gebraucht, kann allerdings in dieser Bedeutung nur im Plural stehen. (Als Adjektiv „verschieden" hat **vario/s, varia/s** jedoch Singular- und Pluralformen.)

Estaré **varios** días fuera de la ciudad.
Ich werde mehrere Tage nicht in der Stadt sein.
Te llamé **varias** veces.
Ich habe dich einige Male angerufen.

6. todo

Todo in Verbindung mit bestimmtem Artikel + Nomen heißt „ganz".

maskulin		feminin	
todo	ganzer	**toda**	ganze
todos	ganze	**todas**	ganze

Statt des Artikels kann ein
Possessivbegleiter stehen.

todo el día	den ganzen Tag
toda la semana	die ganze Woche
toda mi familia	meine ganze Familie

Todo in Begleitung eines mit **lo** substantivierten Adjektiv heißt „alles". (▶ NR. 6.1)

todo lo interesante	alles Interessante
todo lo demás	alles Übrige

Todos + bestimmter Artikel + Nomen: „alle, die ganzen, jeder".

todos los días	alle Tage, jeden Tag
todas las flores	alle/die ganzen Blumen
todos sus hermanos	alle seine Geschwister

Diese Ausdrucksweise hat eine allgemeine Mehrzahl im Blick, weniger die
Vorstellung „jeder einzelne ohne Ausnahme".

7. más, menos

Más (mehr) und **menos** (weniger) sind unveränderlich und können mit Nomen
im Singular und Plural gebraucht werden.

Hoy había	**más**	viento.	Heute war es windiger.
	menos		Heute war es weniger windig.

Hoy había	**más**	gente que ayer.	Heute waren mehr Leute da als gestern.
	menos		Heute waren weniger Leute da als gestern.

| Hoy había | **más** | invitados. | Heute waren mehr Leute eingeladen. |
| | **menos** | | Heute waren weniger Leute eingeladen. |

| Hoy había | **más** | chicas. | Heute waren mehr Mädchen da. |
| | **menos** | | Heute waren weniger Mädchen da. |

8. cada

Cada (jede/r/s) ist unveränderlich und hat keinen Plural. Es betont stärker als todos los + Nomen die Vorstellung „jeder einzelne ohne Ausnahme".

| Voy allí **cada** fin de semana. | Ich gehe jedes Wochenende dorthin. |
| **Cada** hora hay un tren. | Jede Stunde geht ein Zug. |

9. cualquier

Der Begleiter cualquier (vor dem Nomen abgekürzt aus cualquiera ► Nr. 25) besagt: cual/el que/la que Ud. quiera – welche/n/s auch immer Sie wollen.

| Me puedes llamar a **cualquier** hora. | Du kannst mich jederzeit anrufen. |
| A mí me va bien **cualquier** día de la semana que viene. | Mir ist jeder Tag in der kommenden Woche recht. |

Wenn also cada hora besagt, dass z. B. tatsächlich jede Stunde ein Zug geht, bedeutet llamar a cualquier hora nicht, dass Sie jede Stunde anrufen sollen, sondern dass dem Partner jede x-beliebige Zeit recht ist. Die Wahl des Zeitpunktes überlässt er Ihnen.

11 Der Fragebegleiter

Der Fragebegleiter *(el determinante interrogativo)* cuánto/-a (wie viel/e/s) wird wie ein Adjektiv verwendet, er fragt nach der Menge. (► Nr. 14)

¿Cuánto dinero?	¡Cuánto dinero!
Wie viel Geld?	Wie viel Geld!
¿Cuántas horas?	¡Cuántas horas!
Wie viele Stunden?	Wie viele Stunden!

Der Begleiter qué (welche/r/s, was für ein/e/s) ist unveränderlich. Er fragt nach einer präzisen Bestimmung – welches Auto? – oder nach einer beschreibenden Erklärung – was für ein Auto!

| ¿Qué (tipo de) coche? | ¡Qué coche! |
| Was für ein Auto? | Was für ein Auto! |

Die Fragebegleiter **cuánto/-a** und **qué** können auch im Ausruf stehen. Sie drücken Bewunderung, Überraschung oder Entsetzen aus. Ausrufe mit **qué** + Nomen werden häufig durch **más** + Adjektiv ergänzt.

¡Qué día más bonito!
Was für ein schöner Tag!

Alle Fragebegleiter tragen einen Akzent.

Wie viel Geld hast du?   So viel Geld!

12 Zahlwörter

1 Kardinalzahlen

Mit Kardinalzahlen *(números cardinales)* kann die Anzahl von Personen, Gegenständen und Sachverhalten bestimmt werden.

0 cero	10 diez	20 veinte	30 treinta
1 uno/una	11 once	21 veintiuno/-a	31 treinta y uno/una
2 dos	12 doce	22 veintidós	32 treinta y dos
3 tres	13 trece	23 veintitrés	40 cuarenta
4 cuatro	14 catorce	24 veinticuatro	50 cincuenta
5 cinco	15 quince	25 veinticinco	60 sesenta
6 seis	16 dieciséis	26 veintiséis	70 setenta
7 siete	17 diecisiete	27 veintisiete	80 ochenta
8 ocho	18 dieciocho	28 veintiocho	90 noventa
9 nueve	19 diecinueve	29 veintinueve	100 cien/ciento

101	ciento uno/una	900	novecientos/-as
200	doscientos/-as	1000	mil
300	trescientos/-as	1100	mil cien
400	cuatrocientos/-as	2000	dos mil
500	quinientos/-as	100.000	cien mil
600	seiscientos/-as	1.000.000	un millón (de …)
700	setecientos/-as	1.000.000.000	mil millones
800	ochocientos/-as		

Uno wird (wie der unbestimmte Artikel) vor dem maskulinen Nomen verkürzt:
un kilo (ein Kilo).
Vor dem femininen Nomen steht una, auch in allen Verbindungen wie veintiuna
horas, treinta y una horas (einundzwanzig Stunden, einunddreißig Stunden).

Ciento wird vor Nomen und vor größeren Zahlen verkürzt: cien personas,
cien mil habitantes, cien millones (hundert Personen, hunderttausend Einwohner,
hundert Millionen).

Für die allein stehende Zahl 100 wird meist cien verwendet, z. B. beim Zählen:
noventa y nueve, cien, cien por cien (neunundneunzig, hundert, hundert Prozent);
aber: el 10 por ciento (zehn Prozent).

Die Hunderter ab 200 sind veränderliche Adjektive: doscientas personas, tres-
cientas mil habitantes (zweihundert Personen, dreihunderttausend Einwohner).

Ein Wort für 1.000.000.000 – eine Milliarde – gibt es nicht, daher:
mil millones de habitantes (eine Milliarde Einwohner).

2 | Der Gebrauch der Kardinalzahlen

Die wichtigsten Verwendungen der Kardinalzahlen neben der Angabe
von Preisen:

■ Jahreszahlen (nicht wie im Deutschen neunzehnhundert),
en 1999 = en mil novecientos noventa y nueve
(im Jahr) 1999

■ Datum (nicht wie im Deutschen „der zweite April"),
el 1 de marzo del 2000 = el uno / (el primero) de marzo de dos mil
der 1. März 2000
el 2 de abril = el dos de abril
der 2. April

- Altersangaben,
  Tengo 30 años.   Ich bin 30 Jahre alt.

- Uhrzeiten (mit femininem Artikel: **las dos horas** (zwei Uhr)).
  Es la una y media.   Es ist halb zwei.
  Son las dos.   Es ist zwei (Uhr).

3 | Die Grundrechnungsarten

Sie werden zwar selbst kaum auf Spanisch rechnen, aber Sie sollten einfache
Rechenoperationen anderer verstehen können. Das Komma ersetzt jeweils
den Satz **(es) igual a.**

$10 + 10 = 20$	Diez **más** diez, veinte. (Diez más diez es igual a veinte.)
$20 - 10 = 10$	Veinte **menos** diez, diez.
$10 \times 10 = 100$	Diez **por** diez, cien.
$100 : 5 = 20$	Cien **dividido por** cinco / cien **entre** cinco, veinte.

4 | Die Ordinalzahlen

Ordnungszahlen *(números ordinales)* werden allgemein nur bis **décimo**
verwendet, dann setzen die Kardinalzahlen ein: **Felipe II (segundo)**,
aber **el siglo XX (veinte)** – Phillip der Zweite, (aber) das 20. Jahrhundert.

Nur **primero** wird für das Datum verwendet, es kann aber auch durch **el (día)
uno** ersetzt werden. (► Nr. 12.2)

primero/-a	erste/r	**quinto/-a**	fünfte/r	**noveno/-a**	neunte/r
segundo/-a	zweite/r	**sexto/-a**	sechste/r	**décimo/-a**	zehnte/r
tercero/-a	dritte/r	**séptimo/-a**	siebte/r	**(once)**	(elf)
cuarto/-a	vierte/r	**octavo/-a**	achte/r	**(doce)** etc.	(zwölf)

    Vivo en el cuarto piso.
    Ich wohne im vierten Stock.
    Nos vimos por primera vez en Nueva York.
    Wir haben uns das erste Mal in New York gesehen.
    Allí hacen unos platos de pescado de primera.
    Dort bereiten sie erstklassige Fischgerichte zu.

Primero und **tercero** werden vor dem maskulinen Nomen verkürzt: **el primer
día, el tercer piso** (der erste Tag, der dritte Stock).

Ordnungszahlen können auch Bruchzahlen sein: **un cuarto de hora** (eine Viertelstunde); häufig werden sie mit **parte** im Sinne einer Bruchzahl verbunden: **la tercera parte de la población** (ein Drittel der Bevölkerung).

Achtung: **medio** (halb) steht im Gegensatz zum Deutschen ohne Artikel:

Quería medio kilo de tomates.	Ich hätte gern ein halbes Kilo Tomaten.
Se comió media tortilla.	Er hat eine halbe Tortilla gegessen.
Aber: **Se comió la mitad de la tarta.**	Er hat die halbe Torte aufgegessen.

Das Adjektiv

13 Grundsätzliches

Adjektive *(adjetivos)* sind Begleiter, die das Nomen durch die Angabe von Eigenschaften, Merkmalen usw. näher bestimmen. (In einigen häufigen Verbindungen haben sie allerdings diese Eigenbedeutung, die zur Differenzierung nötig ist, weitgehend verloren, wenn wir etwa sagen: Er hat eine nette kleine Wohnung.)

14 Formen des Adjektivs und seine Angleichung an das Nomen

Alle Adjektive mit der maskulinen Endung -o haben auch die feminine Endung -a (sogenannte zweiendige Adjektive). Das Adjektiv wird in Genus und Zahl dem Nomen angeglichen.

	maskulin	feminin
Singular	**un** abrig**o** **negro** ein schwarzer Mantel	**una** chaquet**a** **negra** eine schwarze Jacke
Plural	pantalon**es** **negros** schwarze Hosen	camis**as** **negras** schwarze Hemden

Alle Adjektive bilden den Plural nach den gleichen Regeln wie das Nomen.
(► NR. 3)

Das Adjektiv kann direkt beim Nomen als Begleiter verwendet werden – **un piso pequeño** (eine kleine Wohnung) – oder Teil des Prädikats (der Satzaussage, der Verbalgruppe) sein, z. B. mit den Verben **ser, estar, parecer, volverse** (sein, (er)scheinen, werden).

Mis amigas son **españolas**.	Meine Freundinnen sind Spanierinnen.
Conchi está muy **guapa** hoy.	Conchi sieht heute sehr gut aus.
Su piso me parece **pequeño**.	Seine/Ihre Wohnung kommt mir klein vor.
Se volvió **loco**.	Er ist verrückt geworden.

Anders als im Deutschen wird auch dann das Adjektiv in Genus und Zahl dem Nomen angeglichen:

mi hermana pequeña	meine kleine Schwester
Mi hermana es pequeña.	Meine Schwester ist klein.

Nationalitätenadjektive auf -n, -l oder -s sind zweiendig: die feminine Form endet auf -a.

Un chico	alem**án** catal**án** españ**ol** franc**és** ingl**és**	Una chica	alem**ana** catal**ana** españ**ola** franc**esa** ingl**esa**
ein	deutscher katalanischer spanischer französischer englischer	Junge	ein	deutsches katalanisches spanisches französisches englisches	Mädchen

Wenn sich das Adjektiv auf mehr als ein Nomen bezieht und eines der Nomen maskulin ist, wird die maskuline Pluralform des Adjektivs verwendet.

*Todas las alumnas ...

**Ay, todos los alumnos ...

*Alle Schülerinnen ...
**Äh, alle Schüler ...

Ana y Luisa son españolas.	Ana und Luisa sind Spanierinnen.
Pedro, Luisa y Ana son españoles.	Pedro, Luisa und Ana sind Spanier.

Neben den zweiendigen gibt es auch einendige Adjektive, die für das Maskulinum und Femininum dieselbe Form haben. Dazu gehören alle Adjektive auf **-e** und die meisten auf **-n** und **-l**.

Pedro es inteligente.	**Julia también es muy inteligente.**
Pedro ist intelligent.	Julia ist auch sehr intelligent.
Pedro es joven.	**Julia también es joven.**
Pedro ist jung.	Julia ist auch jung.
Este texto es fácil.	**Esta palabra es fácil.**
Dieser Text ist einfach.	Dieses Wort ist einfach.

Die Pluralbildung ist ganz regelmäßig: **chicos inteligentes, chicas jóvenes, textos fáciles** (intelligente Jungen, junge Mädchen, einfache Texte).

15 Stellung des Adjektivs

Im Unterschied zum Deutschen steht das Adjektiv als Begleiter in der Regel hinter dem Nomen.

> **El parque estaba vacío.**
> Der Park war leer.
> **He visto una película muy interesante.**
> Ich habe einen sehr interessanten Film gesehen.

Einige Adjektive wie **bueno, pequeño, enorme, nuevo, joven** (gut, klein, gewaltig, neu, jung) u.a. können entweder vor oder nach dem Substantiv stehen. Nachgestellt sind sie stärker betont und haben den Charakter eines Unterscheidungsmerkmals: **un café muy bueno (no uno corriente como en otros bares)** – ein sehr guter Kaffee (kein gewöhnlicher wie in anderen Bars); **una moto nueva (no una de segunda mano)** – ein neues Motorrad (keines aus zweiter Hand).

> **Su nueva moto es fantástica.**
> Sein neues Motorrad ist fantastisch.
> **No he podido comprar una moto nueva.**
> Ich konnte mir kein neues (= fabrikneues) Motorrad kaufen.

> **Ahora voy a tomar un buen café.**
> Jetzt trinke ich eine gute Tasse Kaffee.
> **En este bar tienen un café muy bueno.**
> In dieser Kneipe machen sie einen sehr guten Kaffee.

Eine Reihe von Adjektiven haben je nach Stellung vor oder hinter dem Nomen eine unterschiedliche Bedeutung.

¡el **pobre** tío!	der arme Onkel! (der zu bedauern ist)
el tío **pobre**	der arme Onkel (mit wenig Geld)
una **sola** mujer	eine einzige Frau
una mujer **sola**	eine einsame Frau
un coche **grande**	ein großes Auto
un **gran** coche	ein tolles Auto
un castillo **muy antiguo**	eine sehr alte Burg
mi **antigua** jefa	meine ehemalige Chefin

Die Adjektive **bueno** (gut) und **malo** (schlecht) stehen überwiegend vor dem Nomen und werden vor dem maskulinen Nomen im Singular verkürzt.

Hace **buen** tiempo.	Es ist gutes Wetter.
Hace **mal** tiempo.	Es ist schlechtes Wetter.

Steht das Adjektiv **grande** (groß) vor einem Nomen im Singular wird es verkürzt. Achten Sie auf die Bedeutung!

Es una **gran** deportista.	Sie ist eine große Sportlerin.
Vive en una casa **grande**.	Er/sie lebt in einem großen Haus.

(algún, ningún ► NR. 10, primer ► NR. 12)

16 **Vergleich und Steigerung des Adjektivs**

Positiv

Maite es **tan** guapa **como** Pilar.
Maite ist genauso hübsch wie Pilar.

Komparativ

Jesús es **más** perezoso **que** Estéban.
Jesús ist fauler als Esteban.

relativer
Superlativ

Mercedes es
la más alta de
todos.
Mercedes ist die
Größte von allen.

absoluter
Superlativ

Carmen es
guapísima.
Carmen ist
bildhübsch.

1 | Der Vergleich

Soll bei einem Vergleich *(una comparación)* die Gleichheit einer Eigenschaft ausgedrückt werden, steht **tan** + Adjektiv + **como** (genauso … wie). Achtung: Das Adverb **tan** kann nicht vor **mucho** stehen. Die entsprechende Form des Adverbs, die Gleichheit der Menge ausdrückt ist immer **tanto** + Substantiv + **como** (so sehr / so viel / genauso viel… wie).

> Hoy hace **tan** buen tiempo **como** ayer.
> Heute ist genauso gutes Wetter wie gestern.
> Ahora tengo **tanto** tiempo **como** antes.
> Jetzt habe ich genauso viel Zeit wie vorher.

Gleichheit oder Identität ohne Bezug auf ein Adjektiv oder Adverb wird mit **mismo que** (der/die/das gleiche …) oder **igual que** (genauso (viel) wie …) ausgedrückt.

> Ha llamado **la misma** señora **que** antes.
> Die gleiche Frau wie vorhin hat (noch einmal) angerufen.
> Tengo **el mismo** coche **que** tú.
> Ich habe das gleiche Auto wie du.
> Mi coche **es igual que** el tuyo.
> Mein Auto ist genauso wie deins.
> Tú trabajas **igual que** yo.
> Du arbeitest genauso (viel) wie ich.

Soll bei einem Vergleich Ungleichheit ausgedrückt werden, so wird der Komparativ gebraucht. Das Spanische hat hierfür keine Formen wie billig**er**, teur**er** usw., sondern es umschreibt den Komparativ mit **más/menos que**:

> Este coche es **más** caro **que** el otro.
> Dieses Auto ist teurer als das andere.

Ahora tengo menos tiempo que antes.
Jetzt habe ich weniger Zeit als vorher.

Ungleichheit des Grades einer Eigenschaft wird mit
más/menos + Adjektiv + que ausgedrückt.

Ungleichheit der Menge (mucho) wird mit
más/menos + Substantiv + que ausgedrückt.

Vor einem Zahlwort wird nicht más que, sondern más de verwendet.

Madrid tiene más de 4 millones de habitantes.
Madrid hat mehr als 4 Millionen Einwohner.

2 | Unregelmäßige Formen des Komparativs

Bueno (gut) und malo (schlecht) haben eigene Komparativformen: mejor, peor.

bueno/-a   mejor
Estos calamares son muy buenos, pero los que hago yo son mejores.
Diese Calamares sind sehr gut, aber die, die ich mache, sind noch besser.

malo/-a   peor
La película es mala, pero la de ayer era todavía peor.
Der Film ist schlecht, aber der von gestern war noch schlechter.

Für grande/pequeño (groß/klein) bestehen die regelmäßigen Komparative más
grande / más pequeño und die unregelmäßigen Formen mayor/menor.

grande	más grande	mayor
groß	größer	größer/älter/am größten
pequeño/-a	más pequeño/-a	menor
klein	kleiner	kleiner/jünger/am kleinsten

Die regelmäßigen Formen verwendet man u.a. bei messbaren Dingen, die
unregelmäßigen eher im übertragenen Sinn und in Bezug auf das Alter:
los mayores (die Erwachsenen), las personas mayores (die älteren Leute).

Madrid es más grande que Sevilla.
Madrid ist größer als Sevilla.
Nuestro mayor problema es la contaminación.
Unser größtes Problem ist die Umweltverschmutzung.

Su hermana es menor, tiene 12 años.
Seine Schwester ist jünger, sie ist 12 Jahre alt.

Pedro tiene 16 años.
Pedro ist 16 Jahre alt.

Su hermano es mayor, tiene 18 años.
Sein Bruder ist älter, er ist 18 Jahre alt.

3 | Der relative Superlativ

Das Spanische hat für den relativen Superlativ keine Formen wie der billigste, der teuerste usw., sondern es umschreibt den Superlativ durch den bestimmten Artikel + Komparativ oder Possessivbegleiter + Komparativ. (Die Nähe zum Komparativ ist logisch: das billigste Menü ist billiger als die anderen.)

> Luis es uno de mis **mejores** amigos.
> Luis ist einer meiner besten Freunde.
>
> Hemos tomado el menú **más barato** que tenían.
> Wir haben das billigste Menü gegessen, das sie hatten.
> Es **lo mejor** que puedes hacer para no gastar mucho.
> Es ist das Beste, was du machen kannst, wenn du nicht viel ausgeben willst.

Häufig steht der substantivierte Superlativ mit dem neutralen Artikel lo.
(► NR. 6.1)

4 | Der absolute Superlativ

Der absolute Superlativ *(el superlativo absoluto)* mit der Endung -ísimo vergleicht nicht, er bezeichnet nur allgemein einen sehr hohen Grad. Die Endung kann an Adjektive und Partizipien in adjektivischer Verwendung angehängt werden. Die so entstandenen Formen werden dem Nomen in Genus und Zahl angeglichen.

> Martín tiene much**ísimos** amigos.   Martín hat sehr viele Freunde.
> Conoce a much**ísima** gente.   Er kennt unglaublich viele Leute.

Das Adverb

17 Grundsätzliches

Der Name Adverb (lat.: ad verbum, *el adverbio*) besagt wörtlich, dass Adverbien in Verbindung mit Verben gebraucht werden und die Art und Weise einer Handlung näher bestimmen. (Sie läuft schnell. Normalerweise geht das nicht. Schaust du viel fern?)

Darüber hinaus leisten Adverbien eine Abstufung von Adjektiven und anderen Adverbien. (Er ist sehr müde. Es ist extrem schwierig. Wir hatten viel mehr Zeit als ihr.)

Und schließlich gibt es Adverbien zur Angabe von Ort und Zeit (hier, dort; heute, spät, immer).

Im Gegensatz zum Adjektiv sind alle Adverbien unveränderlich.
(► NR. 14)

18 Die Formen des Adverbs

Da im Deutschen das Adverb dieselbe Form hat wie das Adjektiv (Er ist ruhig. Sie gingen ganz ruhig weg.), ist die besondere Bildung der spanischen Adverbien zu beachten.

1. Ableitung von Adverbien aus Adjektiven: -mente

Aus den meisten Adjektiven kann durch Anfügen von -**mente** an die feminine Form ein Adverb gebildet werden. (Bei Adjektiven, die zwei Endungen haben (auf -**o** und -**a**) ist die feminine Form sichtbar und hörbar, bei den anderen nicht.)

tranquilo/-a	Se fueron **tranquilamente**.
ruhig	Sie gingen ruhig weg.
rápido/-a	Voy a hacerlo **rápidamente**.
schnell	Ich werde es schnell machen.
normal	**Normalmente** trabajo hasta las cinco.
normal	Normalerweise arbeite ich bis fünf.
probable	Hoy, me voy **probablemente** a las cuatro.
wahrscheinlich	Heute gehe ich wahrscheinlich um vier.

Von **rápido** wird das Adverb auf **-mente** gebildet, in Verbindung mit dem Verb **hablar** wird jedoch die Adjektivform verwendet. (In Lateinamerika besteht generell eine stärkere Tendenz, Adjektive in der Funktion von Adverbien zu verwenden.)

> Lo vamos a hacer **rápidamente**.
> Wir werden es schnell machen.
> Por favor, no hables tan **rápido**, no te entiendo.
> Sprich bitte nicht so schnell, ich verstehe dich nicht.

2. Gleiche Form für Adjektiv und Adverb

Einige Adjektive – vor allem solche, die eine Menge bezeichnen – werden in gleicher Form auch als Adverbien verwendet. Aus diesen Adjektiven kann kein Adverb mit -mente gebildet werden.

> Mi amigo viaja **mucho**.
> Mein Freund reist viel.
> Su mujer viaja todavía **más**.
> Seine Frau reist noch mehr.
> Yo, en comparación con ellos, trabajo **poco**.
> Im Vergleich zu ihnen arbeite ich wenig.
> Tu hermana fuma **demasiado**.
> Deine Schwester raucht zu viel.
> ¡No comas **tanto**!
> Iss nicht so viel!
> ¿Ganáis **bastante** en el nuevo trabajo?
> Verdient ihr genug mit der neuen Arbeit?
> En los últimos meses salimos **bastante poco**.
> In den letzten Monaten sind wir ziemlich wenig ausgegangen.
> Ir en avión es **demasiado** caro.
> Mit dem Flugzeug zu reisen, ist zu teuer.

> Jaime ha dormido poco.
> Jaime hat wenig geschlafen.

Auf die Lautstärke bezogen werden die Adjektive **alto** (groß/hoch; laut) und **bajo** (klein/niedrig; leise) auch als Adverb verwendet.

> No hables tan **alto**, habla más **bajo**.   Sprich nicht so laut, sprich leiser.

3. bien, mal, mejor, peor

Die Adverbien, die den Adjektiven **bueno** (gut) und **mal** (schlecht) entsprechen, heißen: **bien, mal**. Ihre Steigerungsformen sind identisch mit denen der Adjektive: **mejor, peor**. (► Nr. 16.2, Nr. 20.2)

Hablas **bien español**.	Du sprichst gut Spanisch.
Enrique habla bastante **mal alemán**.	Enrique spricht ziemlich schlecht Deutsch.
Hablas **mejor** que Enrique.	Du sprichst besser als Enrique.
Enrique habla **peor** que los otros.	Enrique spricht schlechter als die anderen

19 Die wichtigsten Adverbien

Es gibt eine große Zahl ursprünglicher, also nicht aus Adjektiven abgeleiteter Adverbien. Wir betrachten sie nicht als Gegenstand der Grammatik, sondern des Wortschatzes und nennen deshalb im Folgenden nur eine Auswahl.

1 Adverbien der Art und Weise

Viele Adverbien geben an, in welcher Weise die Handlung erfolgt: **bien, mal, despacio, deprisa, apenas, así** (gut, schlecht, langsam, schnell, kaum, so) etc.

> Siéntate, vamos a hablar **tranquilamente**.
> Setz dich, wir werden in Ruhe miteinander reden.
> Lo tengo que hacer **rápidamente**.
> Ich muss es schnell machen.
> Camina **despacio**.
> Er/sie geht langsam.

Vergleichen Sie ferner auch Verbalkonstruktionen mit Infinitiv (► Nr. 53.1) und **gerundio** (► Nr. 53.3), die im Spanischen einigen häufigen deutschen Adverbien entsprechen.

2 | Adverbien der Menge, der Intensität und Häufigkeit

Angaben darüber, wie intensiv oder wie oft etwas geschieht, werden mit Adverbien der Menge gemacht: **mucho, tanto, bastante, poco** (viel, so viel, ziemlich, wenig) etc.

La película te va a gustar **mucho**.	Der Film wird dir gut gefallen.
Esta música me gusta **bastante**.	Diese Musik gefällt mir ziemlich gut.
¡Me ha gustado **tanto**!	Mir hat es so gut gefallen!
¿Salís **mucho** los fines de semana?	Geht ihr am Wochenende viel aus?
Nosotros, en realidad, salimos **poco**.	Wir gehen eigentlich wenig aus.

Muy (sehr) steht vor Adverbien und Adjektiven, während **mucho** (viel, sehr) nach Verben gebraucht wird.

Lo has hecho **muy bien**.	Du hast das sehr gut gemacht.
Es un chico **muy educado**.	Er ist ein sehr gebildeter Junge.
He dormido **muy bien**.	Ich habe sehr gut geschlafen.
Aber: He dormido **mucho**.	Ich habe viel geschlafen.

Achtung: Möchte man auf eine Frage mit „Sehr!" antworten, heißt es immer **mucho**, niemals **muy**!

• ¿Te gusta?	– Mucho.
Gefällt es (er/sie) dir?	Sehr.

3 | Adverbien des Ortes

Cerca, lejos, enfrente, delante, detrás, dentro, fuera, arriba, abajo (nah, weit, gegenüber, vorne, hinten, drinnen, draußen, oben, unten) u.a. sind Adverbien des Ortes.

La casa está **lejos**.
Das Haus ist weit weg.
¿Vienes **arriba** cuando hayas terminado?
Kommst du nach oben, wenn du fertig bist?

Die Adverbien **aquí, ahí, allí, acá, allá** (hier, dort/da (drüben), dort/ da (drüben), hier, dort/ da (drüben)) weisen wie die Demonstrativa **este/esto, ese/eso, aquel/aquello** (dieser/dieses, der/das dort, jener/jenes) auf die Entfernung vom Sprecher hin.

(► NR. 8, NR. 24)

4 **Adverbien der Zeit**

Die gebräuchlichsten Zeitadverbien sind: **antes, ahora, después, luego, ayer, mañana, anteayer, anoche, pasado mañana, tarde, nunca, jamás, todavía, aún, ya, siempre, hoy, pronto** (vorher, jetzt, nachher, später/nachher, gestern, morgen, vorgestern, gestern Abend/Nacht, übermorgen, spät, nie, niemals, immer noch, immer noch, schon, immer, heute, bald).

Lo conocí **recientemente**.	Ich habe ihn vor kurzem kennen gelernt.
Los lunes **siempre** va a clases.	Montags geht er immer zum Unterricht.
Hoy he terminado el trabajo.	Heute habe ich die Arbeit beendet.
Saldrá **pronto**.	Er/Sie wird bald abreisen.

Zur Verstärkung von Orts- und Zeitangaben dient das – nachgestellte! – Adverb **mismo** (genau, gerade).

Lo voy a hacer **ahora mismo**.	Ich werde es jetzt gleich machen.
¿Nos vamos a encontrar **aquí mismo**?	Treffen wir uns genau hier?

5 **Adverbien der Vermutung, des Hoffens und des Zweifels**

Probablemente no irá.	Wahrscheinlich kommt er/sie nicht.
¡**Ojalá** llegue pronto!	Hoffentlich kommt er/sie bald!
Quizá(s) iremos a la fiesta de Paco.	Vielleicht gehen wir auf die Party von Paco.
Tal vez llueva mañana.	Möglicherweise regnet es morgen.
A lo mejor vienen mis padres el fin de semana.	Eventuell kommen meine Eltern am Wochenende.

(ojalá, quizá(s) und tal vez mit *subjuntivo* ► Nr. 45.2, Nr. 46, Nr. 47.2, Nr. 48)

20 **Vergleich und Steigerung des Adverbs**

1 **Der Vergleich und der Komparativ**

Wie beim Adjektiv werden die Formen des Vergleichs mit **tan (como)** (so … wie), die des Komparativs mit **más/menos** gebildet. (► Nr. 16)

¡Tu hermano corre **tan rápidamente que** tú!	Dein Bruder läuft so schnell wie du.

Estoy **tan bien** aquí.	Mir geht es so gut hier.
Voy a llegar **más tarde que** vosotras.	Ich werde später ankommen als ihr.
Habla **menos rápido**, por favor.	Sprich bitte nicht so schnell.

Die Komparativformen von **mucho, poco, bien, mal** (viel, wenig, gut, schlecht) sind identisch mit den entsprechenden Adjektiv-Komparativen.

mucho ► más	viel	mehr
poco ► menos	wenig	weniger
bien ► mejor	gut	besser
mal ► peor	schlecht	schlechter

Wird der Vergleich nach dem Komparativ ohne Verb zu Ende geführt, so steht wie beim Adjektiv **que** (hier: als).
Wird er mit einem Verb, also einem Nebensatz zu Ende geführt, so steht **de lo que**.

Es **más tarde que** ayer.	Es ist später als gestern.
Es **más tarde de lo que** pensaba.	Es ist später als ich dachte.

2 │ Der relative Superlativ

Juan ha llegado **más tarde que** todos los demás.
Juan ist später gekommen als alle anderen.

Durch die Bildung eines Relativsatzes – und evtl. die betonte Voranstellung dieses Relativsatzes – kann aber deutlich gemacht werden, dass mit der Komparativform ein Superlativ „am spätesten" gemeint ist.

Juan es el que más tarde ha llegado.
Juan ist derjenige, der am spätesten gekommen ist.
El que más tarde ha llegado es Juan.
Derjenige, der am spätesten gekommen ist, ist Juan.
La carne es lo que menos me ha gustado.
Das Fleisch hat mir am wenigsten geschmeckt.
Lo que menos me gustó fue la carne.
Was mir am wenigsten geschmeckt hat, war das Fleisch.

3 │ Der absolute Superlativ

Wie beim Adjektiv kann durch **-ísimo** ein sehr hoher Grad angegeben werden.
(► NR. 16)

Hemos llegado **muy temprano / muy tarde**.
Wir sind sehr früh / sehr spät angekommen.
Hemos llegado **tempranísimo/tardísimo**.
Wir sind ausgesprochen früh / ausgesprochen spät angekommen.

Dem deutschen „möglichst + Adverb" entspricht im Spanischen
lo + Komparativ + **posible**.

Hoy quiero llegar **lo más temprano posible**.
Heute will ich so früh wie möglich ankommen.
Lo haré **lo más rápidamente posible**.
Ich schicke dir das Paket so bald wie möglich.

Für das deutsche „so bald wie möglich" gibt es die Wendung **cuanto antes**:

Te voy a enviar el paquete cuanto antes.
Ich werde dir das Paket so schnell wie möglich schicken.

Die Pronomen

21 Grundsätzliches

Pronomen (pro Nomen, anstelle des Nomens, *pronombres*) ersetzen das Nomen, manchmal auch einen ganzen Satz. Dadurch erübrigen sie die ständige Wiederholung des Nomens und ermöglichen Sparsamkeit im Ausdruck.

22 Das Personalpronomen

Personalpronomen (*pronombres personales*) beziehen sich entgegen ihrem Namen nicht nur auf Personen, sondern auch auf Sachen, abstrakte Ideen usw.	Herr Meier	er
	Herrn Meier	ihn/ihm
	das Fest	es

1 Das Subjektpronomen

yo	ich	nosotros/nosotras	wir
tú	du	vosotros/vosotras	ihr
él/ella/usted	er/sie/Sie	ellos/ellas/ustedes	sie/Sie

Im Gegensatz zum Deutschen haben die Pronomen des Plurals je eine maskuline und eine feminine Form.

Das Pronomen der formellen Anrede – deutsch: Sie – heißt **usted** (für eine Person) und **ustedes** (für mehrere Personen) abgekürzt **Vd./Vds.** oder **Ud./ Uds.** (die Form ist aus einem alten **Vuestra Merced**, Euer Gnaden, hervorgegangen). Die zugehörige Verbform ist die 3. Person Singular bzw. Plural.

¿Usted es español?	Sind Sie Spanier?
¿Dónde viven ustedes?	Wo leben Sie?

2 | Der Gebrauch des Subjektpronomens

Im Gegensatz zum Deutschen ist die Verwendung des Subjektpronomens in Verbindung mit einem Verb meist überflüssig. Die Endung des Verbs sowie die Logik des Gesprächs zeigen fast immer, von welcher Person oder Sache die Rede ist. Aus Gründen der Höflichkeit wird jedoch meist **Ud.** verwendet, wenn man jemanden direkt anspricht.

(Yo)	**soy alemán.** Ich bin Deutscher.
(Tú)	**eres española, ¿no?** Du bist Spanierin, nicht wahr?
(Él/Ella/Ud.)	**trabaja en la radio.** Er/Sie arbeitet beim Radio. / Sie (Anrede) arbeiten beim Radio.
(Nosotros/Nosotras)	**somos de París.** Wir kommen aus Paris.
(Vosotros/Vosotras)	**vivís en Madrid, ¿verdad?** Ihr lebt in Madrid, nicht wahr?
(Ellos/Ellas/Uds.)	**han llegado hoy.** Sie sind heute angekommen.

So verwendet man das Subjektpronomen vor allem

- allein (ohne Verb),   **¿Quién podría hacerlo? ¿Tú?** Wer könnte es machen? Du?

- zur Betonung (z. B. bei Gegensätzen) oder

Él siempre te ayuda, ella no.
Er hilft dir immer, sie nicht.

- zur Sicherung der Eindeutigkeit.

Pedro y María son amigos míos.
Ella es pintora, él es médico.
Pedro und Maria sind Freunde von
mir. Sie ist Malerin, er ist Arzt.

¡Yo lo he visto!

POLICÍA

*Ich habe ihn gesehen!

3 | Präposition + Personalpronomen

Als Objekt einer Präposition – hier als Beispiel: **para** – gibt es drei eigene Formen:
mí, ti und das reflexive **sí** (für Singular und Plural).
Für alle anderen Personen gilt die Form des Subjektpronomens. (► Nr. 22.1)

para mí	für mich	**para nosotros/-as**	für uns
para ti	für dich	**para vosotros/-as**	für euch
para él/ella	für ihn/sie	**para ellos/ellas**	für sie
para Ud.	für Sie	**para Uds.**	für Sie
para sí	für sich	**para sí**	für sich

Mit der Präposition **a** bildet das Personalpronomen das direkte Objekt (Akkusativ) oder das indirekte Objekt (Dativ). (► Nr. 55.2, ► Nr. 22.4)

- **¿A quién estáis buscando?**   – **A ti.**
  Wen sucht ihr?   Dich.
- **Me gusta el vino.**   – **A mí también.**
  Ich trinke gern Wein.   Ich auch.

Es gibt also zwei Formen (**me, a mí**), die an sich die gleiche Bedeutung haben: mir.
Aber **me** kann nur beim Verb stehen und ist unbetont (**forma átona**).
Die andere Form, **a mí**, kann allein stehen, d.h. ohne Verb, und sie kann auch
stimmlich betont werden (**forma tónica**).

Mit der Präposition con werden drei Sonderformen gebildet: conmigo, contigo, consigo.

con + mí = conmigo
con + ti = contigo
con + sí = consigo

¿Te vienes conmigo?	Kommst du mit mir?
Sí, claro que voy contigo.	Klar, komme ich mit dir.
¿Aspirinas? Pregunta a Luis, siempre las lleva consigo.	Aspirin? Frag Luis, er hat immer welche dabei.

4 Die Objektpronomen

1. Direktes Objekt (Akkusativpronomen, *pronombre complemento directo*)

Das direkte Objekt (Akkusativpronomen) hat in Verbindung mit einem Verb andere Formen als nach Präpositionen. (► NR. 22.3)
Für die 3. Person Singular maskulin wird in Lateinamerika überall lo gebraucht, in Spanien ist auch le weit verbreitet.

	(yo)	me	mich	
	(tú)	te	dich	
	(él)	lo/le	ihn/sie/es	
	(ella)	la	ihn/sie/es	han llamado
Sie haben	(Ud.)	le	Sie	por teléfono
	(nosotros/-as)	nos	uns	angerufen
	(vosotros/-as)	os	euch	
	(ellos)	los/les	sie	
	(ellas)	las	sie	
	(Uds.)	les	Sie	

	(el coche)	lo	ihn/sie/es	
Sie haben	(la moto)	la	ihn/sie/es	han vendido
	(los coches)	los	sie	verkauft
	(las motos)	las	sie	

Me han llamado por teléfono.	Man hat mich angerufen.
Ayer los vi en el bar.	Gestern habe ich sie in der Kneipe gesehen.
El coche ya lo han vendido.	Das Auto haben sie schon verkauft.

2. Indirektes Objekt (Dativpronomen, *pronombre complemento indirecto*)

Das indirekte Objekt (Dativpronomen, *pronombre complemento indirecto*) hat in Verbindung mit einem Verb andere Formen als nach Präpositionen. (► NR. 22.3)

Die Formen für die 1. und 2. Person Singular und Plural sind identisch mit denen des Akkusativs: me, te, nos, os.
Die Formen für die 3. Person Singular und Plural sind einheitlich le/les.

	(yo)	me	mir	
	(tú)	te	dir	
sie haben	(él, ella, Ud.)	le	ihm/ihr	han escrito
	(nosotros/-as)	nos	uns	geschrieben
	(vosotros/-as)	os	euch	
	(ellos, ellas, Uds.)	les	ihnen/Ihnen	

Carlos nos ha escrito muchas cartas.   Carlos hat uns viele Briefe geschrieben.
¿Os gusta la paella?   Mögt ihr Paella?
Dame el libro por favor.   Gib mir bitte das Buch.

3. Das Reflexivpronomen se

Das Reflexivpronomen (rückbezügliches Pronomen, *pronombre reflexivo*) zeigt an, dass die Handlung des Verbs sich auf die handelnde Person selbst bezieht. Die Formen für das direkte und das indirekte Objekt (Akkusativ, Dativ) sind gleich.

Direktes Objekt		Indirektes Objekt		
me	lavo	me	lavo las manos	ich wasche mich / mir die Hände
te	lavas	te	lavas las manos	du wäschst dich / dir die Hände
se	lava	se	lava las manos	er/sie/es wäscht sich / sich die Hände
nos	lavamos	nos	lavamos las manos	wir waschen uns / uns die Hände
os	laváis	os	laváis las manos	ihr wascht euch / euch die Hände
se	lavan	se	lavan las manos	sie waschen sich / sich die Hände

(reflexive Verben (**lavarse, levantarse** – sich waschen, aufstehen) ► NR. 56)
(se als unbestimmtes Pronomen (**se habla español** – man spricht Spanisch) ► NR. 52.2)
(se in Formen des Passivs (**la casa se vende, las casas se venden** – das Haus wird verkauft / ist zu verkaufen, die Häuser werden verkauft / sind zu verkaufen) ► NR. 52.4)

4. Zusammentreffen von zwei Pronomen

Wenn zwei Personalpronomen zusammentreffen, kommt jeweils das Pronomen der Person an erster, das der Sache an zweiter (also: der Dativ vor dem Akkusativ, anders als im Deutschen).

	me lo mir ihn/es	me la mir sie	me los mir sie	me las mir sie	
	te lo dir ihn/es	te la dir sie	te los dir sie	te las dir sie	
ich gebe	nos lo uns ihn/es	nos la uns sie	nos los uns sie	nos las uns sie	doy
	os lo euch ihn/es	os la euch sie	os los euch sie	os las euch sie	

Bezieht sich das erste der beiden Pronomen auf eine 3. Person Singular oder Plural – ihm, ihr, ihnen, Ihnen –, so werden le/les in dieser Kombination durch se ersetzt. (Dieses se hat nichts mit dem reflexiven Pronomen zu tun.)

~~le~~ ~~les~~	se lo doy		se lo ihn ihm/ihr/Ihnen	
			se la sie ihm/ihr/Ihnen	doy (a él, a ella,
		ich gebe	se los sie (Plural) ihm/ihr/Ihnen	a Ud., a ellos, a ellas, a Uds.)
			se las sie (Plural) ihm/ihr/Ihnen	

Ist eines der beiden Pronomen das reflexive se, so steht es vor dem anderen Pronomen.

Pedro **se lo** va a pensar.
Pedro wird es sich überlegen.
Se me ocurre una cosa.
Da fällt mir etwas ein.

5. Die Stellung zum Verb

Das Pronomen steht

- unmittelbar vor der konjugierten Verbform,

Me invitan. **Te lo** digo.
Sie laden mich ein. Ich sage es dir.
Me han invitado. **Se lo** digo.
Sie haben mich eingeladen. Ich sage es ihm/ihr/Ihnen.

- unmittelbar vor der Verbform des verneinten Imperativs,

No **lo** digas, por favor. No **se lo** digas.
Sag es bitte nicht. Sag es ihm/ihr nicht.

- angehängt an den Infinitiv,

para comprar**lo** / para comprár**melo**
um es zu kaufen / um es mir zu kaufen

- angehängt an das *gerundio* (ein Akzent wird erforderlich),

explicándo**lo** / explicándo**selo**
es erklärend / es ihm/ihr/Ihnen erklärend

- angehängt an den bejahten Imperativ (ebenfalls mit Akzent).

¡Explíca**lo**! Explíca**melo**!
Erklär es! Erklär es mir!

Wenn konjugiertes Verb + Infinitiv oder konjugiertes Verb + *gerundio* eine Einheit bilden, sind beide Stellungen des Pronomens möglich. (Die Sätze in Klammern sind weniger gebräuchlich.)

Quiero comprár**melo**.	**Me lo** quiero comprar.	Ich will es mir kaufen.
(Voy a comprár**melo**.)	**Me lo** voy a comprar.	Ich werde es mir kaufen.
Tengo que hacer**lo**.	**Lo** tengo que hacer.	Ich muss es machen.
Me están esperando.	(Están esperándo**me**.)	Sie warten auf mich.

6. Redundanter Gebrauch des Pronomens

„Redundant" nennen wir es, wenn in einem Satz ein und derselbe Inhalt doppelt ausgedrückt wird. Das ist im Spanischen bei den Pronomen häufig. Im Folgenden die wichtigsten Fälle dieser Art:

No compraría este coche.
Ich würde dieses Auto nicht kaufen.

Este coche no **lo** compraría.
Dieses Auto würde ich nicht kaufen.

Wenn zur Betonung ein direktes Objekt (Akkusativ) vorangestellt wird, wird es beim Verb durch das entsprechende Pronomen noch einmal aufgenommen. (Ohne das Pronomen wäre nicht sofort erkennbar, dass das Nomen am Satzanfang nicht Subjekt, sondern Objekt des Satzes ist.)

He dado la llave a Marta.
└── Ich habe Marta den Schlüssel gegeben. ──┘

Le he dado la llave **a Marta**.

Voy a mandar una postal a tus amigos.
└── Ich werde deinen Freunden eine Postkarte schicken. ──┘

Les voy a mandar una postal **a tus amigos**.

Me gusta la playa.   **A mí me** gusta la playa.
└── Ich mag den Strand. / Mir gefällt der Strand. ──┘

¿Qué te parece?   **¿A ti qué** te parece?
└── Was meinst du? ──┘

Wenn das indirekte Objekt eine
Person ist, wird das entsprechende
Dativpronomen dem Verb vorangestellt, sodass eine Dopplung
von betontem und unbetontem
Pronomen – a mí me, a ti te –
etc. entsteht. Am häufigsten
werden Sie in Sätzen mit **gustar**,
parecer und **encantar** (gefallen, (er)scheinen,
begeistern) angewendet.

Wegen der Bedeutung dieser Konstruktion noch einmal alle
Kombinationen:

A mí	me	Mir		Mich	
A ti	te	Dir	gusta la playa.	Dich	
A él	le	Ihm	gefällt der Strand.	Ihn	
A ella	le	Ihr		Sie	encanta
A Ud.	le	Ihnen (Anrede)	parece menos	Sie	Andalucía.
A nosotros/-as	nos	Uns	interesante,	Uns	begeistert
A vosotros/-as	os	Euch	¿verdad?	Euch	Andalusien.
A ellos	les	Ihnen	erscheint es weniger	Sie	
A ellas	les	Ihnen	interessant, oder?	Sie	
A Uds.	les	Ihnen		Sie	

23 | Das Possessivpronomen

1 | Formen

Possessivpronomen *(pronombres posesivos)* haben die Formen der
zweiendigen Adjektive und bilden auch den Plural mit -s.

Wie beim Possessivbegleiter wird das Genus des „Besitzers" – vgl. deutsch:
sein, ihr, Ihr – nicht ausgedrückt. (▶ NR. 9)

		Singular		Plural	
		maskulin	feminin	maskulin	feminin
Ein Besitzer	(yo)	mío meiner	mía meine	míos meine	mías meine
	(tú)	tuyo deiner	tuya deine	tuyos deine	tuyas deine
	(él/ella/Ud.)	suyo seiner/ihrer/ Ihrer	suya seine/ihre/ Ihre	suyos seine/ihre/ Ihre	suyas seine/ihre/ Ihre
Mehrere Besitzer	(nosotros/-as)	nuestro unserer	nuestra unsere	nuestros unsere	nuestras unsere
	(vosotros/-as)	vuestro eurer	vuestra eure	vuestros eure	vuestras eure
	(ellos/ellas/ Uds.)	suyo ihrer/Ihrer	suya ihre/Ihre	suyos ihre/Ihre	suyas ihre/Ihre

2 | Gebrauch

Ser + Possessivpronomen dient zur Angabe des Eigentümers: „gehören".

> Este libro, ¿es tuyo?   Dieses Buch – ist das deines?

Bestimmter Artikel + Possessivpronomen sagt aus, welcher unter mehreren
gleichen oder ähnlichen Gegenständen der meine, deine usw. ist.

> Este libro es el mío.   Das ist mein Buch.
> El tuyo me parece que está ahí.   Ich glaube, deines ist da hinten.

Wendungen wie „ein + Nomen + von mir" werden im Spanischen mit
unbestimmtem Artikel + Nomen + Possessivpronomen ausgedrückt.

> Mira la foto. Éste es un   Schau dir das Foto an. Das ist ein
> amigo mío.   Freund von mir.
> ¿Me das una foto tuya?   Gibst du mir ein Foto von dir?

Vermeiden Sie also den bei Deutschen häufigen Fehler *Es un amigo de mí.
(*Vor einem Satz oder Ausdruck besagt: Dies ist ungrammatisch, also falsch.)

24 Das Demonstrativpronomen

1 Die Formen und ihre Angleichung

Die Formen des Maskulinum und Femininum sind identisch mit denen des Demonstrativbegleiters. (► NR. 8) Als Pronomen können sie – zur Unterscheidung – einen Akzent tragen.
Hinzu kommt das Neutrum, das nur im Singular besteht.

	Singular		Plural	
maskulin	éste	dieser	éstos	diese
feminin	ésta	diese	éstas	diese
neutral	esto	dieses	–	
maskulin	ése	dieser dort	ésos	diese dort
feminin	ésa	diese dort	ésas	diese dort
neutral	eso	dieses dort	–	
maskulin	aquél	jener	aquéllos	jene
feminin	aquélla	jene	aquéllas	jene
neutral	aquello	jenes	–	

Das Demonstrativpronomen *(el pronombre demostrativo)* tritt an die Stelle des Substantivs (maskulin/feminin) oder an die Stelle eines Neutrums:

el libro, este libro	►	éste	ése	aquél
das Buch, dieses Buch				
la cinta, esta cinta	►	ésta	ésa	aquélla
die Kassette, diese Kassette				
(todo; un hecho)	►	esto	eso	aquello
(alles; eine Tatsache)				

2 Die räumliche Bedeutung der Demonstrativa

Die Demonstrativpronomen leisten die gleiche Raumeinteilung wie die Demonstrativbegleiter. (► NR. 8)

Este libro es muy interesante.   Dieses Buch ist sehr interessant.
(Der Sprecher hat das Buch in der Hand).

Ese libro, ¿es interesante?   Das Buch da – ist das interessant?
(Der Angesprochene hat das Buch).

¿Puedo ver un momento **aquel** libro?

Kann ich mir einen Moment jenes Buch dort ansehen?

(Der Kunde in der Buchhandlung deutet auf ein Buch ganz hoch oben im Regal).

Die kleinere bzw. größere Entfernung im Satz macht klar:
Pepe ist Kellner, Juan ist Lastwagenfahrer.

Juan es el hermano de Pepe. **Éste** es camarero, **aquél** es camionero.

Juan ist der Bruder von Pepe. Der eine ist Kellner, der andere ist Lastwagenfahrer.

25 Das unbestimmte Pronomen

Die unbestimmten Begleiter werden beim Wegfall des Nomens zu Pronomen.

Todo está bien.   Alles ist gut.
Han venido **todos**.   Alle sind gekommen.

(Dabei entfallen natürlich die Verkürzungen, die ja nur direkt vor dem Nomen eintreten). (► NR. 10)
Daneben gibt es einige unbestimmte Pronomen *(pronombres indefinidos)*, die nicht Begleiter sein können: **alguien, nadie, nada** (jemand, niemand, nichts).

¿Ha llamado **alguien**? / ¿Ha llamado **alguno de** mis amigos?

Hat jemand angerufen? Hat jemand von meinen Freunden angerufen?

No ha llamado **nadie**/**ninguno de** tus amigos.

Niemand hat angerufen / niemand von deinen Freunden hat angerufen.

1. todo

Wenn todo (alles) direktes Objekt ist (Akkusativ), wird es durch das Pronomen lo beim Verb angekündigt.

Amanda **lo** hace **todo**.   Amanda macht alles.

2. cada uno und cualquiera

Wenn **cada** (jede/r/s) nicht Begleiter eines Nomens ist, sondern Pronomen, wird es durch **uno/una** ergänzt. (► NR. 10)

Cada uno (de nosotros) hace lo que puede.

Jeder (von uns) macht, was er kann.

Cada una (de las chicas) va a cantar algo.
Jede(s) (von uns Mädchen) wird etwas singen.

Der Unterschied zwischen **cada uno** (jeder einzelne) und **cualquiera** (jeder x-beliebige) entspricht der Bedeutung der Begleiter **cada** und **cualquier**. (► Nr. 10)

Pregunta allí, te lo puede decir cualquiera.
Frag dort drüben, jeder dort kann es dir sagen.

3. se und uno = man

„Man" wird im Spanischen meist mit **se** + 3. Person Singular des Verbs wiedergegeben.

¿Qué idioma se habla en Brasil?   Welche Sprache spricht man in Brasilien?

Statt **se** kann auch **uno** verwendet werden, um ein unbestimmtes „man" auszudrücken. Bei reflexiven Verben, die ja bereits ein **se** beinhalten, ist dies die einzige Möglichkeit.

¿Qué hace uno en un caso así?   **¿Qué se hace en un caso así?**
└──── Was macht man in einem solchen Fall? ────┘

No puede uno acordarse de todo.
Man kann nicht an alles denken.

26   Das Fragepronomen

1   Die wichtigsten Fragepronomen

Alle Fragebegleiter werden zum Fragepronomen *(pronombre interrogativo)*, wenn sie ohne Nomen gebraucht werden. Sie beziehen sich auf Sachen oder Personen, Orte oder Zeitpunkte usw. (► Nr. 11)

Alle Fragewörter werden mit Akzent geschrieben.

¿Quién? (Wer?) und **¿Cuánto?** (Wie viel?) haben eine Pluralform, die nach mehr als einer Person oder Sache fragt: **¿Quiénes? ¿Quiénes son? ¿Cuántos? ¿Cuántas?** (Wer?, Wer sind sie?, Wie viele?)

- **¿Cómo** te llamas?   – **Roberto.**
  Wie heißt du?   Roberto.
- **¿Cómo** hablas francés?   – **Bastante bien.**
  Wie sprichst du Französisch? Ziemlich gut.

- ¿**Qué** tomas?
  Was nimmst du?
- ¿**Dónde** vives?
  Wo lebst du?
- ¿**De dónde** eres?
  Woher kommst du?
- ¿**Quién** es esa chica?
  Wer ist das Mädchen dort?
- ¿**Quiénes** son las chicas?
  Wer sind die Mädchen?
- ¿**Cuándo** vienes?
  Wann kommst du?
- ¿**Cuánto** quiere?
  Wie viel möchte er/sie / möchten Sie?
- ¿**Cuántos** sois?
  Wie viele seid ihr?
- ¿**Por qué** no está Montse?
  Wieso ist Montse nicht da?

- Un café.
  Einen Kaffee.
- En Sevilla.
  In Sevilla.
- De Santander.
  Aus Santander.
- Mi hermana.
  Meine Schwester.
- Las amigas de Carmen.
  Die Freundinnen von Carmen.
- Mañana.
  Morgen.
- Dos kilos.
  Zwei Kilo.
- Tres.
  Drei.
- Está enferma.
  Sie ist krank.

2 ¿Qué tal?

Das häufig gebrauchte ¿Qué tal? hat unterschiedliche Bedeutungen:

- Es ist ein beiläufiger Gruß: „Wie geht's?", auf den nicht unbedingt eine Antwort gegeben wird.

  Hola, Inés, ¿qué tal?
  Hallo, Ines, wie geht's?

- Es fragt danach, wie gut dem anderen etwas gefällt oder gefallen hat oder wie sich etwas entwickelt.

  ¿Qué tal la fiesta?
  Wie war/läuft die Party so?
  ¿Qué tal tu trabajo?
  Was macht deine Arbeit?

- So kann es auch einfach ¿cómo? ersetzen.

  ¿Qué tal es tu francés?
  Wie sieht es mit deinem Französisch aus?

3 Fragepronomen in der indirekten Frage

Alle Fragepronomen werden nicht nur in der direkten Frage (Hauptsatz), sondern auch in der indirekten Frage (Nebensatz) verwendet.

Me ha preguntado de dónde soy.

Er/sie hat mich gefragt, woher ich komme.

27 Das Relativpronomen

Das Relativpronomen *(pronombre relativo)* leitet einen Nebensatz – den
Relativsatz – ein. Es bezieht dabei die Aussage des Nebensatzes auf ein Wort
des vorangehenden Hauptsatzes oder einen Sachverhalt, der im Hauptsatz
genannt wird.

1. que

Que bezieht sich auf Personen oder Sachen im Singular oder Plural (nicht jedoch
auf Neutra, SIEHE 3.). Es ist Subjekt (Nominativ) oder direktes Objekt (Akkusativ)
des Relativsatzes.

Pepe es el chico		de momento no está.
		Pepe ist der Junge, der im Moment nicht da ist.
Los chicos	que	están ahí, ¿quiénes son?
		Wer sind die Jungs, die da hinten stehen?
¿Ves la casa		está ahí?
		Siehst du das Haus, das dort hinten ist?
¿Vendes las fotos	que	haces?
		Verkaufst du die Fotos, die du machst?

2. el que und el cual; quien

Wenn vor dem Relativpronomen que eine Präposition steht, wird es um den
bestimmten Artikel erweitert: el que, la que, los que, las que (derjenige,
diejenige, diejenigen). (Das Pronomen que hat keinen Plural!)
In diesem Fall werden auch el cual, la cual, los cuales, las cuales verwendet.

un asunto	sobre el que sobre el cual	quiero hablar contigo eine Sache, über die ich mit dir reden will
la chica	con la que con la cual	salí ayer das Mädchen, mit dem ich gestern ausgegangen bin
los amigos	de los que de los cuales	te hablé die Freunde, von denen ich dir erzählt habe
las chicas	para las que para las cuales	compramos las flores die Mädchen, denen wir die Blumen gekauft haben

Für Personen kann auch **quien/quienes** verwendet werden; anders als **cual** steht es jedoch ohne Artikel.

Es el amigo	de quien	te he hablado.	Das ist der Freund, von dem ich dir erzählt habe.
Son los amigos	de quienes	te he hablado.	Das sind die Freunde, von denen ich dir erzählt habe.

3. lo que

Auf Neutra (mit Ausnahme von **algo**) bezieht sich **lo que**.

Esto es	lo que	te quería decir.	Das ist, was ich dir erzählen wollte.
Es todo	lo que	sé.	Das ist alles, was ich weiß.
Es algo	que	no entiendo.	Das ist etwas, das ich nicht verstehe.

In der Kombination **lo que** kann auch **lo** das Bezugswort sein, auf das sich dann das einfache Relativpronomen **que** bezieht: **lo que dices** ((das,) was du sagst).

No entiendo	**lo que**	**dices.**	Ich verstehe nicht, was du sagst.

Durch Voranstellung eines Relativsatzes mit **lo que** entsteht eine starke Betonung. Auch die umgangssprachliche Wendung **lo que pasa es que ...** (Es ist so, dass ... / Es ist Folgendes: ...) als Satzeinleitung ist häufig.

Lo que a mí me gusta es el Norte.	Was mir gefällt, ist der Norden.

4. cuyo

Cuyo/-a (dessen) stellt eine Beziehung zu dem vorangehenden Nomen her. Seiner Bedeutung nach hat es jedoch auch die Funktion eines Possessivbegleiters: **Su hermano vive en Londres** (Sein Bruder lebt in London). Und wie das Possessivpronomen berücksichtigt es nicht den vorangestellten Besitzer (vgl. deutsch: dessen, deren), sondern wird an das folgende Nomen angeglichen. (► NR. 23)

Luisa es la chica	**cuyo** hermano	vive en Londres.
		Luisa ist das Mädchen, dessen Bruder in London lebt.
José es el chico	**cuyas** hermanas	viven en Londres.
		José ist der Junge, dessen Schwestern in London leben.

Das Verb

1 Vollverben, Hilfsverben, Modalverben

Verben *(verbos)* wie **trabajar** (arbeiten), die in sich eine sinnvolle, selbstständig ausreichende Aussage enthalten, nennen wir Vollverben.
Sie können in allen Personen und meist auch in allen Zeiten auftreten.

> **Trabajo.**   Ich arbeite.

Die Verben **haber, ser** und **estar** (haben, sein) enthalten keine eigene Aussage.
Sie helfen in Verbindung mit einer anderen Verbform eine Aussage zu machen
(in diesem Fall: das Hauptverb **trabajar** im Perfekt zu benutzen). Wir nennen
sie Hilfsverben *(verbos auxiliares)*.

> **He trabajado.**   Ich habe gearbeitet.

Einzelne Verben können sowohl selbstständig als Vollverb oder in Verbindung
mit einer anderen Verbform als Hilfsverb auftreten (in diesem Fall: um mit dem
Verb **vender** (kaufen) das Ergebnis einer Handlung zu nennen).

> **Pedro no está.**   Pedro ist nicht da.
> **La casa está vendida.**   Das Haus ist verkauft.

Mit Modalverben lässt sich ausdrücken, ob eine Handlung nötig, möglich, wün-
schenswert usw. ist (im Deutschen: dürfen, können, mögen, müssen, sollen,
wollen). Sie stehen deshalb meist zusammen mit einem Vollverb im Infinitiv.

Quiero	Ich will		
Tengo que	Ich muss		
Hay que	Man muss	**ir a Sevilla.**	
Debe	Er/sie muss	nach Sevilla fahren.	
Puedo	Ich kann		

2 Konjugationen

Das Spanische kennt drei Endungen (-ar, -er, -ir), die
zusammen mit dem Verbstamm (tom-, com-, viv-)
einen Infinitiv, also die Grundform des Verbs bilden.

tom-ar	nehmen
com-er	essen
viv-ir	leben

Jeder dieser Grundformen ist ein ganzes System
von weiteren Endungen zugeordnet, mit denen
Personalformen und Zeitformen gebildet werden.
Dieses System nennen wir Konjugation. Es gibt
also entsprechend den drei Infinitivformen drei
Konjugationen: die der Verben auf -ar, auf -er
und auf -ir.

nehmen   essen   leben

Einen Überblick über alle diese Konjugationsformen finden Sie im Anhang.
(► ANHANG 6)

3 | Regelmäßige Verben

Die Beispiele **tomar**, **comer** und **vivir** (nehmen, essen, leben) stehen als Modelle für
die große Mehrheit aller spanischen Verben. Ihr Stamm verändert sich nicht,
wenn sie konjugiert werden, d.h. wenn Formen für eine bestimmte Person und eine bestimmte Zeit gebildet werden. Wir nennen sie deshalb regelmäßige Verben.

tom**ar** nehmen	com**er** essen	viv**ir** leben
tom**o**	com**o**	viv**o**
tom**as**	com**es**	viv**es**
tom**a**	com**e**	viv**e**
tom**amos**	com**emos**	viv**imos**
tom**áis**	com**éis**	viv**ís**
tom**an**	com**en**	viv**en**

Die Formen für alle Zeiten der regelmäßigen Verben finden Sie im Anhang.
(► ANHANG 6.1)

4 | Gruppenverben

Die Beispiele zeigen Verben, deren Stamm sich in der Konjugation verändert.
Sie sind also nicht regelmäßig. Es folgt aber jeweils eine größere Zahl von Verben
dem gleichen Schema der Konjugation – daher der Name –, und zwar verändern
sich nur die stammbetonten Formen, also die 1., 2. und 3. Person Singular sowie
die 3. Person Plural.
Die wichtigsten Lautwechsel sind: -e- ► -ie-, -o- ► -ue-, -u- ► -ue-, -e- ► -i-;
-c- ► -zc- betrifft nur die 1. Person Singular.

pensar	p**ie**nso, p**ie**nsas, p**ie**nsa, pensamos, pensáis, p**ie**nsan
denken	

contar (er)zählen	cuento, cuentas, cuenta, contamos, contáis, cuentan

jugar spielen	juego, juegas, juega, jugamos, jugáis, juegan

sentir fühlen, bedauern	siento, sientes, siente, sentimos, sentís, sienten

pedir bitten, verlangen, bestellen	pido, pides, pide, pedimos, pedís, piden

conocer kennen (lernen), erkennen	conozco, conoces, conoce, conocemos, conocéis, conocen

Es tut mir Leid, aber ich bleibe lieber zu Hause. Ich möchte mich ausruhen. Kannst du mich nicht morgen anrufen?

Die Gruppenverben weisen auch typische Unregelmäßigkeiten in den anderen Zeiten auf. (*pretérito indefinido* ► Nr. 33)

Die Formen der wichtigsten Gruppenverben finden Sie im Anhang.
(► ANHANG 6.2)

5 Unregelmäßige Verben

In allen Sprachen haben die wichtigsten, am häufigsten verwendeten Verben eine ganze Reihe von Abweichungen und Veränderungen im Stamm. Wir nennen sie im Spanischen die eigentlichen unregelmäßigen Verben.
(Vgl. deutsch: sein – ich bin, ich war, ich bin gewesen).

| ir | voy, vas, va, vamos ... | fui | |
gehen, fahren

| haber | he, has, ha, hemos ... | hube | habré |
geben (im Sinne von: es gibt), haben (als Teil der zusammengesetzten
Perfektformen)

Einige Verben haben nur eine unregelmäßige 1. Person Singular, die übrigen
Formen sind regelmäßig.

poner	pon**g**o, pones, pone, ponemos ...	stellen, legen
salir	sal**g**o, sales, sale, salimos ...	ausgehen, wegfahren, abreisen
traer	trai**g**o, traes, trae, traemos ...	(hin)bringen, holen
saber	**sé**, sabes, sabe, sabemos ...	wissen
hacer	ha**g**o, haces, hace, hacemos ...	machen, tun
caer	cai**g**o, caes, cae, caemos ...	(hin)fallen
dar	**doy**, das, da, damos ...	geben

Eine Reihe von Verben haben regelmäßige Formen in der 1. und 2. Person Plural,
alle übrigen Formen sind unregelmäßig.

tener	ten**g**o, t**ie**nes, t**ie**ne, tenemos, tenéis, t**ie**nen	haben
venir	ven**g**o, v**ie**nes, v**ie**ne, venimos, venís, v**ie**nen	kommen
oír	o**ig**o, o**y**es, o**y**e, oímos, oís, o**y**en	hören
decir	d**ig**o, d**ic**es, d**ic**e, decimos, decís, d**ic**en	sagen

Die Formen der wichtigsten unregelmäßigen Verben finden Sie im Anhang.
(▶ ANHANG 6.3)

29 Die Verben *ser*, *estar* und *haber*

1 Ser

soy – eres – es – somos – sois – son
ich bin – du bist – er/sie/es ist – wir sind – ihr seid – sie sind

Ser + Nomen (bzw. ser + Pronomen) definiert, identifiziert Sachen und Personen.
(Sie können sich auch merken, dass *estar + Nomen nicht vorkommt).

- ¿Qué es esto? — Es un paquete para ti.
  Was ist das? Das ist ein Paket für dich.
- ¿Quién es? — Es ella. Es mi amiga.
  Wer ist es/da? Da ist sie. Es ist meine Freundin.

Ser + Adjektiv benennt wesentliche Eigenschaften (z. B. Form, Farbe, Größe, Charakter) von Dingen oder Personen. (Es trägt damit zur Definition oder objektiven Charakterisierung bei.)

El libro	Das Buch	es interesante.
La ciudad	Die Stadt	ist interessant.
La película	Der Film	

Pedro es alto, rubio, guapo.   Pedro ist groß, blond, gut aussehend.

Ser wird zur Angabe von Zahlen und Zeitangaben verwendet.

- **¿Cuántas personas sois?**
  Wie viele Personen seid ihr?
- **¿Qué hora es?**
  Wie viel Uhr ist es?

- **Somos cinco.**
  Wir sind zu fünft.
- **Son ya las ocho. Es tarde.**
  Creía que era más temprano.
  Es ist schon acht. Es ist spät.
  Ich dachte, es sei früher.

Ser wird im Sinne von „stattfinden" verwendet.

El concierto es hoy. Es en el Palacio de la Música.
Das Konzert ist heute. Es findet im Palast der Musik statt.

Ser + Partizip ist die Form des Passivs. (► NR. 52.1)

La casa no será vendida.   Das Haus wird nicht verkauft werden.

2 | Estar

estoy – estás – está – estamos – estáis – están
ich bin – du bist – er/sie/es ist – wir sind – ihr seid – sie sind

Estar dient zur Angabe des Ortes: wo sich etwas/jemand befindet.

- **¿Dónde está Inés?**
  Wo ist Inés?
- **No sé dónde está, ¿no está en casa?**
  Ich weiß nicht, wo sie ist – ist sie nicht
  zu Hause?

Estar dient zur Angabe des Befindens, des Gesundheitszustands.

- Hola, ¿cómo estás?
  Hallo, wie geht es dir?

  – Muy bien, gracias, estoy bien.
  Y tú, ¿qué tal (estás)?
  Sehr gut, danke, mir geht es gut.
  Und du, wie geht es dir?

- Estoy que no puedo más …
  Mir geht es so, dass ich nicht mehr … kann.

Estar + Adjektiv dient zur Angabe von Zuständen, unabhängig davon, wie lange der Zustand dauert oder dauern wird.

Ten cuidado, la sopa está muy caliente.
Sei vorsichtig, die Suppe ist sehr heiß.
En estos meses la ciudad está llena de turistas.
In diesen Monaten ist die Stadt voller Touristen.

Estar + Adjektiv dient auch zur subjektiven Bewertung (im Gegensatz zu rein objektiven Aussagen wie ser (► NR. 29.1). Mit dem Adjektiv **rico** (schmackhaft, lecker) beziehen sich solche Aussagen auf Speisen und Getränke.

¡Qué joven está tu madre! ¡Qué guapa!
Wie jung wirkt deine Mutter! Wie hübsch!
¡Qué rica está la sopa!
Wie lecker ist die Suppe!

Estar + Partizip bezeichnet das Ergebnis eines Vorgangs.

El coche está roto, no sé que le pasa.
Das Auto ist kaputt, ich weiß nicht, was mit ihm los ist.
¡Qué salada está la sopa!
Wie salzig ist die Suppe!
La casa ya está vendida, ¡qué lástima!
Das Haus ist schon verkauft, wie schade!

3 | Bedeutungsänderung von Adjektiven bei *ser* und *estar*

Einige Adjektive haben unterschiedliche Bedeutung, je nachdem, ob sie mit **ser** oder **estar** stehen. Auch hier drückt die Variante mit **ser** eher etwas Allgemeingültiges oder Dauerhaftes aus, während **estar** auf einen vorübergehenden Zustand verweist.

Federico es un niño muy malo. (Charakter)
Federico ist ein sehr böses Kind.
Federico está malo. (es geht ihm schlecht)
Federico geht es schlecht.

Mi hermana es muy lista. (schlau)
Meine Schwester ist sehr schlau.
Mi hermana está lista. (fertig, bereit)
Meine Schwester ist fertig.

Es rico. (reich)
Er/Sie ist reich.
Está muy rico. (lecker)
Es ist sehr lecker.

*¡Venga, toro, estoy listo!

**Él piensa que es muy listo ... vamos a ver ...

    * Komm schon, Stier, ich bin bereit.
    ** Er hält sich für sehr schlau ... wir
        werden sehen ...

4 Haber

he – has – ha – hemos – habéis – han
ich habe – du hast – er/sie/es hat – wir haben – ihr habt – sie haben (im Perfekt)

Das Hilfsverb **haber** dient zur Bildung der zusammengesetzten Zeiten. Sie werden anders als im Deutschen nur mit **haber**, nie mit **ser** gebildet. (Vgl. Antonio ist im Theater gewesen.)

Hoy hemos comido muy bien.   Heute haben wir sehr gut gegessen.
Antonio ha estado en el teatro.   Antonio ist im Theater gewesen.

5 Hay

Hay ist eine unpersönliche Nebenform von **haber**. Es gibt an, was existiert oder (an einem genannten Ort) vorhanden ist.

- ¿Hay algo de nuevo que debería saber yo?   – No creo.
  Gibt es etwas Neues, das ich wissen müsste?   Ich glaube nicht.

Hay un bar nuevo en la esquina, ¿lo has visto?
Es gibt eine neue Kneipe an der Ecke – hast du sie gesehen?

Si quieres comer o beber algo, en la nevera hay de todo.
Wenn du etwas essen oder trinken willst, im Kühlschrank gibt es alles Mögliche.

Angaben mit **hay** – etwas ist vorhanden – sind immer unbestimmt. So ist **hay** nicht mit dem bestimmten Artikel zu verbinden:

> La leche está en la nevera. En la nevera hay leche.
> Nicht: *En la nevera hay la leche.
> Die Milch ist im Kühlschrank. Im Kühlschrank gibt es Milch.
> Nicht: *Im Kühlschrank gibt es die Milch.

30 Die Modalverben

1 Wollen, können, müssen, (eigentlich) sollen

Die am häufigsten verwendeten Verben – neben **ser, estar** und **haber** – sind die Modalverben *(los verbos auxiliares de modo)*: Verben, die ausdrücken, ob der Sprecher die – im Infinitiv genannte – Handlung ausführen will, kann, muss oder eigentlich ausführen sollte …

> Quiero ir a España.
> Ich will nach Spanien gehen.
> En verano podré ir a Francia.
> Im Sommer werde ich nach Frankreich fahren können.
> En octubre tengo que estar aquí.
> Im Oktober muss ich hier sein.
> Debería visitar por fin a mi tía Luisa.
> Ich sollte endlich meine Tante Luisa besuchen.

No puede trabajar.
Sie kann nicht arbeiten.

No tiene que trabajar.
Sie muss nicht / braucht nicht zu arbeiten.

No quiere trabajar.
Sie will nicht arbeiten.

Bei „können" wird unterschieden:

- die materielle oder physische Möglichkeit – **poder:**

    No puedo comprar nada, no tengo dinero.
    Ich kann nichts kaufen, ich habe kein Geld.
    No puedo conducir porque me duele la rodilla.
    Ich kann nicht Auto fahren, weil mir das Knie weh tut.

- die geistige bzw. erlernte Fähigkeit – **saber:**

    Yo no sé conducir, siempre conduce mi mujer.
    Ich kann nicht Auto fahren, meine Frau fährt immer.

2 | Generelle Notwendigkeit

Allgemeine, nicht auf eine Person beschränkte Notwendigkeiten oder Verpflichtungen werden mit **hay que / no hay que** ausgedrückt.

| Man muss … | **Hay que ser puntual.** | Man muss pünktlich sein. |
| Man darf nicht … | **No se debe llegar tarde.** | Man darf nicht zu spät kommen. |

No hay que kann ebenso eine Notwendigkeit verneinen.
(Ob also **no hay que** ein Verbot ausdrückt oder eine Notwendigkeit verneint, wird nur durch den Zusammenhang deutlich.)

Man braucht nicht …   **No hay que pagarlo todo a la vez.**
Man braucht nicht alles auf einmal zu bezahlen.

3 | Wünsche an den Gesprächspartner

Quiero (ich will/möchte) ist eine klare Willensäußerung, sie setzt voraus, dass man nicht die Zustimmung anderer Personen sucht.
Will man dagegen für den eigenen Wunsch oder Willen irgendwie die Mitwirkung oder Zustimmung einer anderen Person erreichen, ist das höflichere **quisiera** (ich möchte gern) die richtige Form. In Geschäften oder auf dem Markt ist dagegen **quería** (ich hätte gern) üblich.

Quería un kilo de peras.

Ich hätte gern ein Kilo Birnen.

Quiero ir a Madrid este verano.
Ich will diesen Sommer nach Madrid fahren.
Quisiera ir a Madrid este verano, ¿qué te parece?
Ich möchte diesen Sommer nach Madrid fahren – was hältst du davon?

- ¿Qué desea?   – Quería dos kilos de patatas.
Was wünschen Sie?   Ich hätte gern zwei Kilo Kartoffeln.

31 Das Präsens

Das Präsens *(el presente)* wird wie im Deutschen verwendet, kann sich also mit einer entsprechenden Zeitangabe auch auf die Zukunft beziehen.

¿Trabajas o estudias?   Arbeitest du oder studierst du?
Mañana vamos al cine.   Morgen gehen wir ins Kino.
(► NR. 28.2–28.5)

32 Das Perfekt

Das Perfekt *(el pretérito perfecto)* wird bei allen Verben mit **haber** + Partizip gebildet (im Gegensatz zum Deutschen: ich habe gearbeitet, ich bin gewesen).

he	ich habe		
has	du hast		
ha	er/sie es hat / Sie haben (Anrede)	tom**ado**	genommen
hemos	wir haben	com**ido**	gegessen
habéis	ihr habt	viv**ido**	gelebt
han	sie haben		

He trabajado mucho (hoy / en los últimos años).
Ich habe (heute / in den letzten Jahren) viel gearbeitet.
Hemos estado en un buen restaurante para comer.
Wir sind in einem guten Restaurant zum Essen gewesen.

In manchen Fällen könnte man den Inhalt eines Perfekts auch mit einem Satz im Präsens ausdrücken. (Das Hilfsverb **haber** steht im Präsens!)

- ¿Sabes que me he casado?   – Ay, ¿sí? ¿Ahora estás casada?
Weißt du, dass ich geheiratet habe?   Ah, ja? Jetzt bist du verheiratet?

- Y ahora vivimos en otra casa porque nos hemos mudado.
Und jetzt leben wir in einer anderen Wohnung / in einem anderen Haus, weil wir umgezogen sind.

33 Das pretérito indefinido

Das *pretérito indefinido* (kurz: *indefinido*) ist eine aus einer einzigen Verbform bestehende Perfektform. Im Deutschen gibt es keine entsprechende
Vergangenheitsform.

> Me llamaron a las cinco de la mañana.
> Sie haben um fünf Uhr morgens bei mir angerufen.
> ¿Te gustó el concierto?
> Hat dir das Konzert gefallen?
> Estuvistéis en Menorca el año pasado, ¿verdad?
> Ihr wart letztes Jahr auf Menorca, nicht wahr?

Bei regelmäßigen Verben wird es aus dem Stamm des Infinitivs + Endung gebildet. Die Konjugationen auf -er und -ir haben die gleichen Endungen. Bei den
Verben auf -ar und -ir ist die 1. Person Plural mit der des Präsens identisch.

tomar nehmen	comer essen	vivir leben
tomé	comí	viví
Ich habe genommen / ich nahm	ich habe gegessen / ich aß	ich habe gelebt / ich lebte
tomaste	comiste	viviste
Du hast genommen / du nahmst	usw.	usw.
tomó	comió	vivió
tomamos	comimos	vivimos
tomasteis	comisteis	vivisteis
tomaron	comieron	vivieron

Beachten Sie, dass drei Verbengruppen im *indefinido* unregelmäßige Formen in
der 3. Person Singular und Plural haben.

sentir — sentí, sentiste, sintió, sentimos, sentisteis, sintieron
fühlen — ich habe gefühlt / ich fühlte, du hast gefühlt / du fühltest usw.

pedir — pedí, pediste, pidió, pedimos, pedisteis, pidieron
verlangen — ich habe verlangt / ich verlangte, du hast verlangt / du verlangtest usw.

dormir — dormí, dormiste, durmió, dormimos, dormisteis, durmieron
schlafen — ich habe geschlafen / ich schlief, du hast geschlafen / du schliefst usw.

Beachten Sie auch die jeweiligen orthographischen Veränderungen. (► ANHANG 3)

oír	**oí, oíste, oyó, oímos, oísteis, oyeron**
hören	ich habe gehört / ich hörte, du hast gehört / du hörtest usw.
leer	**leí, leíste, leyó, leímos, leísteis, leyeron**
lesen	ich habe gelesen / ich las, du hast gelesen / du lasest usw.
sacar	**saqué, sacaste, sacó, sacamos, sacasteis, sacaron**
herausholen	ich habe herausgeholt / ich holte heraus, du hast herausgeholt / du holtest heraus usw.
jugar	**jugué, jugaste, jugó, jugamos, jugasteis, jugaron**
spielen	ich habe gespielt / du spieltest, du hast gespielt / du spieltest usw.

Andere Verben wie **andar, decir, ir, poder, querer, tener, venir** ((zu Fuß) gehen, sagen, können, wollen, haben, kommen) u.a. sind in allen Formen unregelmäßig. (► ANHANG 6.3)

Eine Besonderheit: **ser** und **ir** (sein, gehen) haben identische Formen.

ser	ich war, du warst usw.
sein	
	fui, fuiste, fue, fuimos, fuisteis, fueron
ir	
gehen	ich bin gegangen / ich ging, du bist gegangen / du gingst usw.

En 1973 fui profesor en Salamanca.
1973 war ich Professor in Salamanca.

Ayer fui al cine.
Gestern bin ich ins Kino gegangen.

34 Der Gebrauch von pretérito perfecto und indefinido

Zur Wiedergabe von Ereignissen in der Vergangenheit wird in ganz Hispanoamerika praktisch ausschließlich das *indefinido* verwendet. Nur in ganz speziellen Fällen wird das Perfekt gebraucht. In Spanien dagegen wird beim Gebrauch beider Formen stärker differenziert:

Wenn keine Zeitangabe steht oder impliziert ist, verwendet man in der Regel das Perfekt.

No **he visto** esa película.	Ich habe jenen Film nicht gesehen.
Ha comprado el periódico.	Er/sie hat die Zeitung gekauft.

Mit einer Zeitangabe wird das Perfekt verwendet, wenn die Handlung in enger Beziehung zur Gegenwart gesehen wird und nicht als etwas, was vom gegenwärtigen Zeitpunkt weiter entfernt ist.

hoy heute		**ayer** gestern	
esta mañana heute Morgen		**anoche** gestern Abend/Nacht	
esta semana diese Woche		**la semana pasada** letzte Woche	
este mes diesen Monat	+ Perfekt	**el mes pasado** letzten Monat	+ *indefinido*
este año dieses Jahr		**el año pasado** letztes Jahr	
hasta ahora bis jetzt		**aquel día** an jenem Tag	
		en 1980 1980	
		hace quince años vor 15 Jahren	

He ido dos veces al cine esta semana.
Diese Woche bin ich zweimal ins Kino gegangen.
Hoy **ha venido** Delia.
Heute ist Delia gekommen.

Das *indefinido* wird verwendet, wenn die Handlung weiter zurückliegt und insgesamt als etwas Vergangenes, nicht mit der Gegenwart Verbundenes empfunden wird, wie z. B. Geschichtsdaten oder persönliche Begebenheiten, die für den Sprecher längst der Vergangenheit angehören.
Mit dieser Verbform wird die ganze Handlung – mit ihrem Beginn und ihrem Ende in der Vergangenheit – erfasst.

Trabajé dos años en el extranjero.
Ich habe zwei Jahre im Ausland gearbeitet.
Nació en 1923.
Er/Sie ist 1923 geboren.
En 1492 los españoles **reconquistaron** Granada.
1492 eroberten die Spanier Granada zurück.

35 El pretérito imperfecto

Nahezu alle Formen des *pretérito imperfecto* sind regelmäßig.

tomar	nehmen	comer	essen	vivir	leben
tomaba	ich nahm	comía	ich aß	vivía	ich lebte
tomabas	du nahmst	comías	usw.	vivías	usw.
tomaba	usw.	comía		vivía	
tomábamos		comíamos		vivíamos	
tomabais		comíais		vivíais	
tomaban		comían		vivían	

Antes **tocaba** la flauta.
Früher spielte ich/er/sie Flöte.
Cuando llamó Octavio, ya **estábamos** en Cuba.
Als Octavio anrief, waren wir schon auf Kuba.

Nur **ser, ir** und **ver** bilden unregelmäßige Formen.

ser — era, eras, era, éramos, erais, eran
sein — ich war, du warst usw.

ir — iba, ibas, iba, íbamos, ibais, iban
gehen — ich ging, du gingst usw.

ver — veía, veías, veía, veíamos, veíais, veían
sehen — ich sah, du sahst usw.

36 Der Gebrauch des pretérito imperfecto

Das *pretérito imperfecto* spricht von Handlungen oder Situationen in der Vergangenheit, deren Beginn und Ende nicht im Mittelpunkt des Interesses stehen. Es lassen sich unterscheiden:

1. Situationen und Zustände in der Vergangenheit

Typischerweise werden im *pretérito imperfecto* frühere Zustände, Lebens-bedingungen, Sitten und Gebräuche usw. geschildert, teilweise im Vergleich zum momentanen Zustand.

> Ahora tenemos tres ascensores. Antes teníamos sólo uno.
> Jetzt haben wir drei Aufzüge. Früher hatten wir nur einen.
> Antes Carlos era muy reservado, pero se ha vuelto muy abierto.
> Früher war Carlos sehr verschlossen, aber er hat sich sehr geöffnet.
> La gente no podía viajar tanto como ahora.
> Die Leute konnten nicht so viel reisen wie jetzt.
> Entonces era obligatorio estar en silencio.
> Damals war es obligatorisch, still zu sein.

2. Gewohnheitsmäßige Handlungen

Auch Handlungen, die sich in der Vergangenheit ständig wiederholten, also als Gewohnheit oder Routine geschildert werden, stehen im *pretérito imperfecto*.

> Cada semana iba a Madrid.
> Jede Woche fuhr ich/er/sie nach Madrid.
> Fumaba bastante, pero luego lo dejé.
> Ich rauchte ziemlich viel, aber ich habe es dann gelassen.

37 Der Gebrauch von pretérito indefinido und perfecto vs. imperfecto

Bei Erzählungen wird mit dem *pretérito indefinido* bzw. *perfecto* von ver-gangenen Handlungen oder Ereignissen berichtet, die nacheinander stattfanden (also nicht Situationen oder Erläuterungen zu diesen Handlungen usw. sind).

- ¿Qué hicisteis el fin de semana? Was habt ihr am Wochenende gemacht?

- Pues, mira, el sábado cogimos el coche, fuimos a Toledo, allí comimos, ah, por cierto, nos encontramos por casualidad con Inés y su madre, tomamos café juntos, y luego, bastante pronto, volvimos a casa para evitar un poco el tráfico ...
  Nun ja, am Wochenende haben wir uns ins Auto gesetzt, wir sind nach Toledo gefahren, dort haben wir gegessen, ah, übrigens haben wir zufällig Inés und ihre Mutter getroffen, wir haben zusammen Kaffee getrunken, und dann sind wir ziemlich früh nach Hause gefahren, um ein bisschen dem Verkehr zuvor-zukommen ...

Hoy **se ha levantado** a las séis y **se ha ido** de casa enseguida.
Desde entonces no lo **he visto**.
Heute ist er um sechs aufgestanden und ist direkt aus dem Haus gegangen.
Seitdem habe ich ihn nicht gesehen.

Der *pretérito imperfecto* umreißt grob den Zeitraum, <u>in dem</u> das eigentliche
Geschehen – das im *indefinido* bzw. *perfecto* geschildert wird – stattfand.

Cuando **trabajaba** en el extranjero me **ofrecieron** un puesto muy bueno.
Als ich im Ausland arbeitete, hat man mir einen sehr guten Posten angeboten.

Beim Zusammentreffen von *imperfecto* und *indefinido* bzw. *perfecto* bestand
die Handlung/Situation des *imperfecto* immer bereits, bevor die eigentliche
Handlung einsetzte. So wird das *imperfecto* häufig verwendet, um den Hinter-
grund oder die Umstände der Haupthandlung einer Erzählung zu schildern,
wie zum Beispiel:

1. die Beschreibung von Raum und Zeit oder des Wetters;

Estábamos en el comedor.	Wir waren im Esszimmer.
Era verano.	Es war Sommer.
El cielo **estaba** nublado, pero	Der Himmel war bedeckt, aber
hacía mucho calor.	es war sehr heiß.

2. die Beschreibung von Personen (Äußeres, psychischer und physischer
Zustand, Absichten, Wünsche, Fähigkeiten usw.) und Gegenständen;

Llevaba un traje gris.	Er trug einen grauen Anzug.
Parecía cansada.	Sie schien müde zu sein.
Ellos **estaban** eufóricos.	Sie waren euphorisch.
No **sabía** nada.	Ich/Er/Sie wusste nichts.
Las luces del coche no **funcionaban**.	Die Lichter vom Auto funktionierten nicht.

3. die Angabe von Gründen;

Le llamé
Le he llamado | porque **quería** hablar con él.

Ich habe ihn angerufen / rief ihn an, weil ich mit ihm reden wollte.

4. die Beschreibung von Handlungen, die die Haupthandlung umrahmen.

Yo **estaba oyendo** la radio, cuando sonó el teléfono.
Ich hörte Radio, als das Telefon klingelte.
Los pasajeros **hablaban** sobre las últimas noticias.
Die Passagiere redeten über die letzten Neuigkeiten.
A Enrique le **molestaba** el ruido y se levantó para fumar un cigarillo
en el pasillo.
Enrique störte der Lärm und er stand auf, um im Flur eine Zigarette zu rauchen.

38 Das Plusquamperfekt

Wie im Deutschen wird mit dem Plusquamperfekt *(el pretérito pluscuam-perfecto)* – Vorvergangenheit – eine Handlung ausgedrückt, die vor einer anderen, auch bereits vergangenen Handlung, erfolgt war.

Mis padres ya **habían vuelto** cuando llegué a casa.
Meine Eltern waren schon zurückgekehrt, als ich nach Hause kam.

Das Plusquamperfekt wird bei allen Verben mit dem Imperfekt von **haber** gebildet. Vgl. die Bildung des Perfekts mit dem Präsens von **haber.** (► NR. 32)

había	ich hatte		
habías	du hattest		
había	er/sie/es hatte	tom**ado**	genommen
habíamos	wir hatten	com**ido**	gegessen
habíais	ihr hattet	viv**ido**	gelebt
habían	sie hatten		

39 Das Futur I

Wie im Deutschen wird mit dem Futur I *(el futuro)* eine Handlung in der Zukunft ausgedrückt. In vielen Fällen kann dafür aber auch Präsens stehen.
(► NR. 31)

Mañana no **estaré** en casa.   Morgen werde ich nicht zu Hause sein.

Die Formen des Futur I werden aus dem Infinitiv abgeleitet: **tomar** ▶ **tomaré**.

tomar nehmen	comer essen	vivir leben
tomaré	**comeré**	**viviré**
ich werde nehmen	ich werde essen	ich werde leben
tomarás	**comerás**	**vivirás**
du wirst nehmen	usw.	usw.
tomará	**comerás**	**vivirá**
tomaremos	**comeremos**	**viviremos**
tomaréis	**comeréis**	**viviréis**
tomarán	**comerán**	**vivirán**

Darüber hinaus gibt es einige typische Unregelmäßigkeiten:

Einige Verben erhalten anstatt des Vokals der Infinitivendung ein -d-.

| **tener** | **tendré, tendrás, tendrá, tendremos ...** |
| haben | ich werde haben, du wirst haben ... |

| **venir** | **vendré, vendrás, vendrá, vendremos ...** |
| kommen | ich werde kommen, du wirst kommen ... |

| **salir** | **saldré, saldrás, saldrá, saldremos ...** |
| weggehen | ich werde weggehen, du wirst weggehen ... |

| **poner** | **pondré, pondrás, pondrá, pondremos ...** |
| stellen | ich werde stellen, du wirst stellen ... |

Bei einer Reihe von Verben entfällt der Vokal der Infinitivendung.

| **saber** | **sabré, sabrás, sabrá, sabremos ...** |
| wissen | ich werde wissen, du wirst wissen ... |

| **poder** | **podré, podrás, podrá, podremos ...** |
| können | ich werde können, du wirst können ... |

| **haber** | **habré, habrás, habrá, habremos ...** |
| haben | ich werde (z.B. gemacht) haben, du wirst (z.B. gesprochen) haben ... |

Darüber hinaus sind unregelmäßig:

| **decir** | **diré, dirás, dirá, diremos ...** |
| sagen | ich werde sagen, du wirst sagen ... |

hacer	haré, harás, hará, haremos ...
machen	ich werde machen, du wirst machen ...
querer	querré, querrás, querrá, querremos ...
lieben, wollen	ich werde lieben/wollen, du wirst lieben/wollen ...

40 Das futuro inmediato: *ir a*

Häufig wird statt Futur die Umschreibung mit **ir a** + Infinitiv gebraucht.

> Mañana no **voy a estar** en casa.
> Morgen werde ich nicht zu Hause sein. / Morgen bin ich nicht zu Hause.

41 Das Futur II

Das Futur II *(el futuro compuesto)* – Futur I von **haber** + Partizip – drückt aus, dass die Handlung in einem bestimmten Augenblick der Zukunft abgeschlossen sein wird.

habré	ich werde		
habrás	du wirst		
habrá	er/sie/es wird	tomado	genommen haben
habremos	wir werden	comido	gegessen haben
habréis	ihr werdet	vivido	gelebt haben
habrán	sie werden		

> Cuando nosotros lleguemos a Madrid, mi hermana ya **habrá salido**.
> Wenn wir in Madrid ankommen, wird meine Schwester schon abgereist sein.

42 Das Futur als Ausdruck einer Vermutung

Wie im Deutschen werden mit dem Futur I Vermutungen geäußert, die sich auf den gegenwärtigen Moment beziehen.

> • ¿Qué hora es?   – **Serán** las cuatro.
> Wie viel Uhr ist es?   Es wird (ungefähr) 4 Uhr sein.

Das zusammengesetzte Futur drückt die Vermutung aus, dass die Handlung im gegenwärtigen Moment schon abgeschlossen ist.

> • Estoy llamando todo el tiempo a Angeles, pero no contesta.
> Ich rufe die ganze Zeit bei Angeles an, aber sie meldet sich nicht.

> – **Habrá salido** ya de vacaciones.   Sie wird schon in Urlaub gefahren sein.

43 Das condicional

1 Formen

Die Formen des *condicional* werden für alle Verben aus dem Stamm des Futurs abgeleitet: tomaré ▶ tomaría. (Vgl. deutsch: ich werde sprechen, ich würde sprechen.)

tomar nehmen	comer essen	vivir leben
tomaría	comería	viviría
ich würde nehmen /	ich würde essen /	ich würde leben /
ich nähme	ich äße	ich lebte
tomarías	comerías	vivirías
du würdest nehmen /	usw.	usw.
du nähmst		
tomaría	comería	viviría
tomaríamos	comeríamos	viviríamos
tomaríais	comeríais	viviríais
tomarían	comerían	vivirían

Aus den unregelmäßigen Futurformen entstehen ebenfalls unregelmäßige *condicional*-Formen:

tener	tendría, tendrías, tendría, tendríamos ...
haben	ich hätte, du hättest ...
venir	vendría, vendrías, vendría, vendríamos ...
kommen	ich würde kommen / du kämst, du würdest kommen / du kämst ...
salir	saldría, saldrías, saldría, saldríamos ...
weggehen	ich würde weggehen / ich ginge weg, du würdest weggehen / du gingst weg ...
poner	pondría, pondrías, pondríamos ...
stellen	ich werde stellen / ich stellte, du würdest stellen / du stelltest ...
saber	sabría, sabrías, sabría, sabríamos ...
wissen	ich wüsste, du wüsstest ...
poder	podría, podrias, podría, podríamos ...
poder	ich könnte, du könntest ...

haber	habría, habrías, habría, habríamos ...
haben	ich hätte (z.B. gemacht), du hättest (z.B. genommen) ...

decir	diría, dirías, diría, diríamos ...
sagen	ich würde sagen / ich sagte, du würdest sagen / du sagtest ...

hacer	haría, harías, haría, haríamos ...
machen	ich würde machen / ich machte, du würdest machen / du machtest ...

querer	querría, querrías, querría, querríamos ...
lieben	ich würde lieben / ich liebte, du würdest lieben / du liebtest ...

(Futur I ► NR. 39)

2 | Gebrauch

1. Von Bedingungen abhängige Möglichkeiten

Condicional besagt, dass die Handlung
unter bestimmten Voraussetzungen
(Konditionen) realisierbar wäre,
in unserem Beispiel: wenn ich
das Geld dazu hätte / wenn
ich du wäre etc.

*Me gustaría mucho irme de vacaciones.

Yo compraría esa moto.
Ich würde das Motorrad dort kaufen.   * Ich würde gerne in Urlaub fahren.

Wichtig ist, dass *condicional* grundsätzlich nur in Hauptsätzen steht.
Nur durch Verschiebungen in der indirekten Rede (► NR. 57) kommt *condicional*
auch in Nebensätzen vor.

(*condicional* in Bedingungssätzen ► NR. 50)

2. Höfliche Form

Condicional drückt Wünsche, Bitten und Ratschläge in höflich unaufdringlicher
Form aus. Auch **Me gustaría (salir)** (ich würde gerne (ausgehen)) bezieht ja oft
auch die angesprochene Person ein: Würdest du mitkommen? Hättest du etwas
dagegen?

A mí me **gustaría** salir.
Ich würde gerne ausgehen.
¿**Podría** Ud. decirme dónde hay un camping?
Könnten Sie mir sagen, wo ein Campingplatz ist?
Deberías fumar menos.
Du müsstest weniger rauchen.

Bei Ratschlägen und Ermahnungen mit **deber** (müssen) und **poder** (können) werden *condicional* und, wenn es sich um eine nicht mehr zu realisierende Handlung in der Vergangenheit handelt, ersatzweise auch *pretérito imperfecto* verwendet. Abweichend vom Deutschen steht hierbei auch der Infinitiv in der Vergangenheit (vgl.: Du hättest es ihm sagen sollen. Du hättest mir Bescheid sagen können.)

Deberías	pasar por allí.	Du müsstest dort vorbeikommen.
Deberías **Debías**	**habér**selo dicho.	Du hättest es ihm/ihr sagen sollen.
Podrías **Podías**	**haber**le avisado.	Du hättest ihm/ihr Bescheid geben sollen.

Statt **querría** als höflicher Wunsch kann auch das *pretérito imperfecto* quería oder **quisiera** verwendet werden.

¿Está la señora Robledo? **Querría/Quería/Quisiera** hablar con ella.
Ist Señora Robledo da? Ich würde gerne / möchte mit ihr sprechen.

3. Vermutung

Condicional drückt eine Vermutung bezüglich einer Handlung in der Vergangenheit aus (**Serían las doce.** – Es wird zwölf Uhr gewesen sein.). Vgl. das Futur als Ausdruck der Vermutung bezüglich der Gegenwart. (► NR. 42)

- ¿A qué hora llegaste a casa?
  Um wie viel Uhr bist du zu Hause angekommen?

- No lo sé exactamente. Serían las doce.
  Ich weiß es nicht genau. (Es war) so gegen 12.

44 Das condicional compuesto

1 Formen

Das *condicional compuesto* wird mit dem *condicional* von **haber** + Partizip gebildet. Anstelle der Form **habría** wird sehr häufig **hubiera** verwendet – nicht **hubiese** –, also eine Ausnahme von der allgemeinen Regel, dass *subjuntivo* im Hauptsatz nicht verwendet werden kann. (► Nr. 47.2, Nr. 48, Nr. 50)

habría	ich hätte		
habrías	du hättest		
habría	er/sie/es hätte	tom**ado**	genommen
habríamos	wir hätten	com**ido**	gegessen
habríais	ihr hättet	viv**ido**	gelebt
habrían	sie hätten		

2 Gebrauch

1. Was wäre geschehen, (wenn ...)

Das *condicional compuesto* drückt aus, was jemand getan hätte oder was geschehen wäre, wenn bestimmte Voraussetzungen gegeben gewesen wären.

Yo	**habría** **hubiera**	**comprado** esa moto.	Ich hätte dieses Motorrad dort gekauft.

(► Nr. 50)

2. Vermutung

Das *condicional compuesto* drückt die Vermutung aus, dass zu einem bestimmten Zeitpunkt in der Vergangenheit die Handlung bereits abgeschlossen war.

- Llamé muchas veces a Angeles pero no contestaba.
  Ich habe oft bei Angeles angerufen, aber sie meldete sich nicht.

- **Habría salido** ya de vacaciones.
  Sie war wahrscheinlich schon in Urlaub gefahren.

45 Das presente de subjuntivo

1 Formen

Die Formen des *presente de subjuntivo* lassen sich aus dem Indikativ Präsens ableiten: Die Verben auf -ar bekommen Endungen mit -e, umgekehrt bekommen die Verben auf -er und -ir Endungen mit -a.

tomar nehmen	comer essen	vivir leben
tome	coma	viva
tomes	comas	vivas
tome	coma	viva
tomemos	comamos	vivamos
toméis	comáis	viváis
tomen	coman	vivan

In der Regel werden die Endungen an den Stamm der 1. Person Singular des Indikativs angehängt. Bei vielen Gruppenverben ist diese Form unregelmäßig, deshalb sind auch alle davon abgeleiteten Formen des *presente de subjuntivo* unregelmäßig.

tener haben	pedir bitten, verlangen
tenga ◄ yo tengo	pida ◄ yo pido
tengas	pidas
tenga	pida
tengamos	pidamos
tengáis	pidáis
tengan	pidan

Weitere Beispiele:

caer	(hinunter)fallen	caigo ► caiga
decir	sagen	digo ► diga
hacer	machen	hago ► haga
oír	hören	oigo ► oiga
traer	bringen	traigo ► traiga
venir	kommen	vengo ► venga
conocer	kennen	conozco ► conozca

Bei den Verben der Gruppen **empezar/querer** (beginnen/wollen) und **contar/ poder** (zählen/können) wird der Stamm der 1. Person Singular nicht in allen

Personen des *presente de subjuntivo* übernommen, da der Diphthong (-**ie**-bzw. -**ue**-) ja nur in betonten Silben auftritt. Es gelten also die gleichen Regeln wie im Indikativ.

(► NR. 28.4)

querer ► -ie- wollen	poder ► -ue- können
qu**ie**ra	p**ue**da
qu**ie**ras	p**ue**das
qu**ie**ra	p**ue**da
queramos	podamos
queráis	podáis
qu**ie**ran	p**ue**dan

Nur einige Verben bilden eigene Formen, wie z. B.

dar	geben	dé, des, de …
estar	sein	esté, estés, esté …
haber	haben	haya, hayas, haya …
ir	gehen	vaya, vayas, vaya …

(► ANHANG 6.3)

2 | Gebrauch

Der *subjuntivo* ist ein System von Verbformen, das neben dem „normalen" System der Formen des Indikativs besteht. Achtung: Er hat mit dem deutschen Konjunktiv I (z. B. ich sei), nichts gemein.

Um den *subjuntivo* richtig verstehen und anwenden zu können, müssen Sie vor allem beobachten, welche „Auslöser" im Satz zu seiner Verwendung führen. Sehr oft dient der *subjuntivo* dazu, die subjektive Einstellung des Sprechers auszudrücken, wie z. B. einen Wunsch, Zweifel, Rat oder eine Befürchtung. Aus diesem Grund steht der *subjuntivo* größtenteils in Nebensätzen, die von einem Verb oder Ausdruck abhängen, welche die subjektive Einstellung zu einer Handlung bezeichnen.

1. Auslöser: Ausdrücke des Wunsches, der Aufforderung

Ein Auslöser für die Verwendung von **que** + *subjuntivo* sind die verschiedensten Ausdrücke des Wunsches und der Aufforderung: Ich will, ich möchte, dass du/Sie …

Quiero	que le explique Ud. esto con todo detalle.
Ich will,	dass Sie ihm/ihr das in allen Einzelheiten erklären.
Le aconsejo	que le explique Ud. esto con todo detalle.
Ich rate Ihnen,	ihm/ihr das in allen Einzelheiten zu erklären.
Le recomiendo	que le explique Ud. esto con todo detalle.
Ich empfehle Ihnen,	ihm/ihr das in allen Einzelheiten zu erklären.

Auch ¿Quiere que + *subjuntivo*? gehört zu diesen Ausdrücken (auch wenn die deutsche Entsprechung „Soll ich …, sollen wir …?" nicht auf den ersten Blick zeigt, dass es sich um die Frage nach dem Wunsch des anderen handelt).

> ¿Qué quiere que le diga?
> Was soll ich Ihnen sagen?
> ¿Quieres que pasemos por casa de Juan?
> Sollen wir bei Juan vorbeigehen?

In Formeln für gute Wünsche ist oft der Hauptsatz mit dem Ausdruck des Wunsches verschwunden (Le deseo que ... – ich wünsche (Ihnen), dass …). Geblieben ist der Nebensatz que + *subjuntivo*.

¡Hasta luego y que te mejores!

> ¡Que se mejore! / ¡Que te mejores!
> Gute Besserung!
> ¡Que descanse! / ¡Que descanses!
> Angenehme Ruhe! / Erholen Sie sich /
> Erhole Dich gut!
> ¡Que tenga buen viaje! / ¡Que tengas
> buen viaje!
> Gute Reise!

Bis später und gute Besserung!

Ein Sonderfall ist ojalá (hoffentlich).

> ¡Ojalá venga pronto!   Hoffentlich kommt er/sie bald.

Wenn der Wunsch sich nicht an eine andere Person richtet, sondern etwas ausdrückt, was der Sprecher selbst tun will, steht der Infinitiv.

> Quiero ir contigo a cenar.   Ich möchte mit dir zu Abend essen gehen.

Zum Ausdruck der Aufforderung in der indirekten Rede: Le he dicho que venga.
(Ich habe ihm gesagt, dass er kommen soll.)
(► NR. 57)

2. Auslöser: Ausdrücke des Gefühls

Ein Auslöser für **que** + *subjuntivo* sind Ausdrücke, die die verschiedensten persönlichen, mehr oder weniger emotionalen Einstellungen zu einer tatsächlichen oder vorgestellten Handlung wiedergeben: Hoffnung, Ärger, Freude, Gleichgültigkeit, Bedauern usw.

Espero	Ich hoffe,	
Me molesta	Mich stört,	
Me alegro (de)	Ich freue mich (darüber),	**que Juana (no) venga hoy.**
No me importa	Es macht mir nichts aus,	dass Juana heute (nicht) kommt.
Siento	Ich bedaure es,	

Auch **me gusta que** + *subjuntivo* gehört hierher: Ich finde es gut, dass/wenn … Ich mag es, wenn …

Me gusta que me hagan regalos.
Ich finde es schön, wenn/dass man mir Geschenke macht.

⚠ Lassen Sie sich durch das deutsche „wenn" nicht zu einem falschen
***Me gusta si …** verleiten!

3. Auslöser: Ausdrücke des Nicht-Glaubens

Nach der verneinten Einleitung einer Meinungsäußerung im Hauptsatz steht im Nebensatz **que** + *subjuntivo*. Die Verneinung im Hauptsatz lässt den Inhalt des Nebensatzes als unrichtig erscheinen.

Cree Er/sie glaubt,		**No cree** Er/sie glaubt nicht,	
Piensa Er/sie denkt,		**No piensa** Er/sie denkt nicht,	
Dice Er/sie sagt,	**que es posible.** dass es möglich ist.	**No dice** Er/sie sagt nicht,	**que sea posible.** dass es möglich ist.
Me parece Ich habe den Eindruck,		**No me parece** Ich habe nicht den Eindruck,	

4. Auslöser: unpersönliche Ausdrücke

Auslöser für **que** + *subjuntivo* sind die allermeisten unpersönlichen Ausdrücke nach dem Muster **Es** + Adjektiv + **que** ... und entsprechend auch die unpersönliche Form **Puede ser** + **que** ...

	posible/imposible möglich/unmöglich,	
	probable wahrscheinlich,	
Es Es ist	**necesario** notwendig,	**que Inés vuelva hoy.** dass Inés heute zurückkommt.
	importante wichtig,	
	mejor besser,	

Puede ser Es kann sein,	**que Inés vuelva hoy.** dass Inés heute zurückkommt.

In den Abschnitten 1 bis 3 konnten wir für die verschiedenen Auslöser des *subjuntivo* einen gemeinsamen inhaltlichen Nenner finden, eine gemeinsame kommunikative Sprechabsicht. Bei den hier zusammengestellten Ausdrücken ist das allen Gemeinsame nicht ein Inhalt, sondern nur die äußere Form, die unpersönliche Satzkonstruktion.

5. Auslöser: Konjunktion **para que**

Nach **para que** (damit) steht *subjuntivo*. Es geht um den Ausdruck einer Absicht oder eines Wunsches: **Quiero que no esperes tanto** (Ich möchte, dass du nicht so lange wartest).

> **Te llamaré antes de llegar para que no tengas que esperar tanto.**
> Ich rufe dich an, bevor ich ankomme, damit du nicht so lange warten musst.

6. Indikativ oder *subjuntivo* nach bestimmten Konjunktionen

Wenn in einem temporalen wenn-Satz (**cuando**) etwas erzählt wird, was sich öfter wiederholt, wird es mit **cuando** + Indikativ ausgedrückt: Immer wenn ...

Wenn dagegen von einer einzelnen Handlung in der Zukunft die Rede ist, steht **cuando** + *subjuntivo*. (Es spielt dabei keine Rolle, ob der genannte Fall wirklich eintreten wird. Allerdings geht der Sprecher bei der Verwendung von **cuando** davon aus.)

> Cuando **veo** a Juanita siempre lo pasamos bien.
> (Cada vez que veo a Juanita lo pasamos bien.)
> (Immer / jedes Mal) wenn ich Juanita sehe, haben wir viel Spaß.
> Cuando **vea** a Juanita se lo contaré todo.
> Wenn (= sobald) ich Juanita sehe, erzähle ich ihr alles.

Aunque (obwohl, obgleich) hat im Spanischen zwei Bedeutungsnuancen: Handelt es sich um eine Tatsache (in diesem Fall: der Sprecher weiß, dass es dort heiß ist), steht Indikativ. Wenn etwas aber nur vielleicht eintritt, steht *subjuntivo*.

> Aunque **hace** mucho calor en verano, me gustaría vivir allí.
> Auch wenn es sehr heiß im Sommer ist, würde ich gerne dort leben.
> Aunque **haga** mucho calor en verano, me gustaría vivir allí.
> Auch wenn es sehr heiß im Sommer sein sollte, würde ich gerne dort leben.

Hasta que + Verb (bis) bedeutet: bis zum Eintritt der durch das Verb angegebenen Handlung.
Liegt der Eintritt dieser Handlung in der Vergangenheit, so wird er im Indikativ (hier des *indefinido*) ausgedrückt.
Liegt er aber in der Zukunft, so steht **hasta que** + *subjuntivo*.

> Esperé en casa hasta que **vino** mi amiga.
> Ich wartete zu Hause, bis meine Freundin kam.
> Esperaré en casa hasta que **venga** mi amiga.
> Ich werde zu Hause warten, bis meine Freundin kommt.

Mientras (que) (während) steht mit Indikativ, wenn es um parallel verlaufende Handlungen in der Vergangenheit oder Gegenwart geht, mit *subjuntivo*, um auszudrücken, dass die Handlungen in die Zukunft reichen (also noch nicht abgeschlossen sind) oder erst noch eintreten.

> Mientras tú **compras** los billetes para el tren, voy a comprar unos bocadillos, ¿vale?
> Während du die Fahrkarten für den Zug kaufst, gehe ich ein paar Brötchen kaufen, einverstanden?
> Mientras mi mujer **estaba** en el extranjero, teníamos una au-pair.
> Als meine Frau im Ausland war, hatten wir ein Aupairmädchen.

Mientras mi mujer **esté** en el extranjero, tenemos/
tendremos una au-pair.
Während meine Frau im Ausland ist, haben wir ein Aupairmädchen /
werden wir ein Aupairmädchen haben.

Antes de que (bevor) und **sin que** (ohne dass) stehen mit *subjuntivo*, da sie eine
Handlung einleiten, die noch nicht stattgefunden hat.

Tenéis que salir antes de que **llegue** Paco.
Ihr müsst gehen, bevor Paco kommt.
Los niños lavan los platos sin que yo **tenga** que decírselo.
Die Kinder waschen ab, ohne dass ich es ihnen sagen muss.

Nach **quizás** (vielleicht) kann Indikativ oder *subjuntivo* stehen.

Quizás nos **vemos** mañana. ─┐
Quizás nos **veamos** mañana. ─┘ └─ Vielleicht sehen wir uns morgen.

7. Indikativ oder *subjuntivo* im Relativsatz

Indikativ im Relativsatz beschreibt eine bekannte Realität.
Subjuntivo im Relativsatz bezeichnet ein gesuchtes bzw. gewünschtes Merkmal.

Tengo varios amigos que **tienen** coche.
Ich habe mehrere Freunde, die ein Auto haben.
¿Tienes algún amigo que **tenga** coche?
Hast du irgendeinen Freund, der ein Auto hat?

Das erklärt, warum *subjuntivo* im Relativsatz vor allem nach Verben wie
necesitar, buscar, querer (brauchen, suchen, wollen) auftritt.

Necesito	Ich brauche	
Busco	Ich suche	un piso que no **esté** demasiado lejos de mi trabajo.
Quiero	Ich will	eine Wohnung, die nicht zu weit von meiner Arbeit liegt.

Ähnlich verhält es sich mit dem *subjuntivo* im Relativsatz, wenn im Hauptsatz
das Subjekt des Relativsatzes (das, der – **que, quien**) für nicht existent erklärt
wird: **no hay nadie que, no hay quien** ... (es gibt niemanden, der ...)

Aquí no hay nadie que **sepa** francés.
Hier gibt es niemanden, der Französisch kann.
A ese chico no hay quien lo **aguante**.
Es gibt niemanden, der diesen Jungen erträgt / ertragen kann.

8. Die Entscheidung dem anderen überlassen

Auch bei höflichen Antworten lo que Ud. quiera, cuando quieras (wie immer Sie wollen, wann immer du willst) steht *subjuntivo*, da ja noch offen ist, wie, wann usw. die Handlung stattfindet.

- ¿Qué vamos a hacer?
  Was sollen wir machen?
- Entonces vamos al cine, ¿qué te parece?
  Dann lass uns ins Kino gehen, was meinst du?
- ¿Ahora mismo o más tarde?
  Jetzt sofort oder später?

- Lo que tú quieras.
  Was du möchtest.
- Como quieras, ¿por qué no?
  Wie du willst, warum nicht?

- Cuando quieras, a mí me da igual.
  Wann du willst, mir ist es egal.

46 Das perfecto de subjuntivo

Das *perfecto de subjuntivo* wird mit dem *presente de subjuntivo* von haber + Partizip gebildet.

haya	Ich habe
hayas	du hast
haya	er/sie/es hat
hayamos	wir haben
hayáis	ihr habt
hayan	sie haben

tomado	genommen
comido	gegessen
vivido	gelebt

Das *perfecto de subjuntivo* wird ähnlich wie seine Präsensform eingesetzt, mit dem Unterschied, dass das Perfekt abgeschlossene Handlungen in der Vergangenheit, aber mit Bezug zur Gegenwart ausdrückt, oder Handlungen, die in der Zukunft abgeschlossen sein werden.

(► NR. 45, NR. 32, NR. 41)

Me alegro de que Juana haya venido hoy.
Ich freue mich darüber, dass Juana heute gekommen ist.
No creo que haya sido posible.
Ich glaube nicht, dass es möglich gewesen ist.
Es posible que Inés haya vuelto esta semana.
Es ist möglich, dass Inés diese Woche zurückgekommen ist.
Cuando hayas sacado el carné de conducir, te regalaré un coche.
Wenn du den Führerschein hast, schenke ich dir ein Auto.
Quizás no ha / no haya venido.
Vielleicht ist er/sie nicht gekommen.

47 Das imperfecto de subjuntivo

1 Formen

Die Formen des *imperfecto de subjuntivo* werden von der 3. Person Plural des *indefinido* abgeleitet: vinieron ► viniera/viniese.
Die Formen auf -ra und -se sind gleichbedeutend und daher grundsätzlich austauschbar. (► NR. 33)

tomar nehmen	comer essen	vivir leben
tomara	comiera	viviera
tomaras	comieras	vivieras
tomara	comiera	viviera
tomáramos	comiéramos	viviéramos
tomarais	comierais	vivierais
tomaran	comieran	vivieran

oder:

tomase	comiese	viviese
tomases	comieses	vivieses
tomase	comiese	viviese
tomásemos	comiésemos	viviésemos
tomaseis	comieseis	vivieseis
tomasen	comiesen	viviesen

2 Gebrauch

Imperfecto de subjuntivo steht grundsätzlich nur in Nebensätzen. Am häufigsten ist die Verbindung mit der Konjunktion si (wenn). In dieser Verbindung drückt es eine Bedingung aus, die im jetzigen Augenblick oder später (Gegenwart, Zukunft) nicht erfüllbar erscheint, kann daher auch ein frommer Wunsch, Stoßseufzer sein.

Si tuviera/tuviese más tiempo, ...   ¡Si tuviera/tuviese más tiempo!
Wenn ich mehr Zeit hätte, ...   Hätte ich doch nur mehr Zeit!

(*condicional* und *subjuntivo* in Bedingungssätzen ► NR. 50)

Für das *imperfecto de subjuntivo* gelten die unter *presente de subjuntivo* erläuterten Einsatzmöglichkeiten (► NR. 45). Es steht in Nebensätzen, die von Hauptsätzen in einer Vergangenheitszeit eingeleitet werden (in folgenden Beispielen *indefinido* oder *imperfecto*).
(Zeitenfolge in konjunktivischen Nebensätzen ► NR. 49)

Me pidió que le **comprara** una revista.
Er/Sie bat mich, ihm/ihr eine Zeitschrift zu kaufen.
Me alegré de que Juana **viniera** a pasar el domingo con nosotros.
Ich habe mich darüber gefreut, dass Juana gekommen ist, um den Sonntag
mit uns zu verbringen.
No creía que **fuese** posible.
Ich/Er/Sie glaubte nicht, dass es möglich sein würde.
Era posible que Inés **llegara** aquella semana.
Es war möglich, dass Inés in jener Woche ankommen würde.

Eine Ausnahme von der Regel, dass *imperfecto de subjuntivo* nur im Nebensatz
vorkommt, bildet die Höflichkeit ausdrückende Form **quisiera** (nicht **quisiese**) –
ich hätte gern. (► NR. 43.2)

> **Quisiéramos** una habitación doble con baño.
> Wir hätten gern ein Doppelzimmer mit Bad.

Ebenso **ojalá** (hoffentlich). Mit dem *imperfecto de subjuntivo* drückt der
Sprecher aus, dass er das Erhoffte für unwahrscheinlich bis unmöglich hält.
(► NR. 45.2)

> ¡Ojalá **nevara** mañana!
> Wenn es doch morgen schneien würde!

In der Verbindung **como si** + *imperfecto de subjuntivo* drückt der Sprecher
entweder aus, dass er eine Vortäuschung falscher Tatsachen sieht, oder er zieht
nur einen Vergleich, unabhängig davon, ob die Handlung real ist oder nicht:
Der Hund auf dem Boden kann wach sein, schlafen oder auch tot sein.

> Hace como si no te **escuchara**.
> Er/Sie tut so, als würde er/sie dich nicht hören.
> El perro estaba tumbado en el suelo como si **durmiera**.
> Der Hund lag auf dem Boden, als ob er schlafen würde.

48 Das pluscuamperfecto de subjuntivo

Die Formen des *pluscuamperfecto de subjuntivo* werden mit **hubiera** oder
hubiese + Partizip (ich/er, sie hätte …) gebildet. Beide Formen sind gleichbedeutend und daher grundsätzlich austauschbar. (► NR. 47)

hubiera	ich hätte		
hubieras	du hättest		
hubiera	er/sie/es hätte / Sie hätten	tomado	genommen
hubiéramos	wir hätten	comido	gegessen
hubierais	ihr hättet	vivido	gelebt
hubieran	sie hätten / Sie hätten		

Pluscuamperfecto de subjuntivo steht grundsätzlich nur in Nebensätzen. Mit der Konjunktion si drückt es eine Bedingung aus, die nicht mehr erfüllbar ist, weil sie sich auf die Vergangenheit bezieht.

Si hubieses/hubieras venido antes, ...   Wenn du früher gekommen wärst ...
¡Si hubieses/hubieras venido antes!   Wärst du doch nur früher gekommen!

(condicional und subjuntivo in Bedingungssätzen ▶ NR. 50)

Das pluscuamperfecto de subjuntivo mit hubiera – nicht hubiese – kann an die Stelle des condicional compuesto treten und also ausnahmsweise im Hauptsatz stehen. (▶ NR. 44)

A mí no me habría gustado eso.
A mí no me hubiera gustado eso.   Das hätte mir nicht gefallen.

Ebenso mit ojalá: Mit dem pluscuamperfecto wird etwas ausgedrückt, das leider nicht mehr möglich ist.

¡Ojalá hubiéramos ido antes!   Wären wir doch nur früher
hingegangen!

49 Zeitenfolge in konjunktivischen Nebensätzen

Für alle Verbformen des subjuntivo gilt es zu wissen, dass genauso wie in der indirekten Rede die Zeitenfolge zu beachten ist. D.h. es hängt von der Zeit des Hauptsatzes ab, welche Zeit im Nebensatz verwendet werden muss.
Einige Beispiele:

Me alegro de	que venga / haya venido Paco.
Ich freue mich darüber,	dass Paco kommt / dass Paco gekommen ist.
Me alegraría	que viniera.
Ich würde mich darüber freuen,	dass er kommt.
Me alegré de	que viniera / hubiera venido Paco.
Ich habe mich darüber gefreut,	dass Paco gekommen ist.

Merce quiere	que la acompañemos.
Merce will,	dass wir sie begleiten.
Merce querría	que la acompañáramos.
Merce hätte gerne,	dass wir sie begleiten.
Merce quería	que la acompañáramos.
Merce wollte,	dass wir sie begleiten.

Steht der einleitende Hauptsatz im Präsens, Perfekt oder Futur, so steht der *subjuntivo* im Präsens oder *perfecto de subjuntivo*.
Steht der Hauptsatz in einer Vergangenheitszeit, so steht auch im Nebensatz *imperfecto* oder *pluscuamperfecto de subjuntivo*.

Le voy a decir que termine.
Ich werde ihm/ihr sagen, dass er/sie Schluss macht.
Le iba a decir que terminara.
Ich wollte ihm/ihr sagen, dass er/sie Schluss macht.

Te hemos dado el número de Ángel para que le llames.
Wir haben dir Angels Nummer gegeben, damit du ihn anrufst.
Te dimos el número de Angel para que le llamases.
Wir haben dir Angels Nummer gegeben, damit du ihn anrufst.

(*condicional* und *subjuntivo* in Bedingungssätzen ► NR. 50)
(Indirekte Rede und die Zeitenfolge ► NR. 57)

50 Condicional und subjuntivo in Bedingungssätzen

Es lassen sich grundsätzlich drei Arten von Bedingungssätzen unterscheiden, je nachdem, wie wahrscheinlich oder möglich es ist, dass die im si-Satz genannte Bedingung erfüllt wird:

- reale Bedingungen in der Gegenwart und Zukunft (etwas ist möglich)

- irreale Bedingungen in der Gegenwart und Zukunft (etwas ist zwar möglich, wird aber für unwahrscheinlich gehalten)

- irreale Bedingungen in der Vergangenheit (etwas wäre möglich gewesen, ist aber nicht eingetreten).

Wenn du so nach draußen gehst,
wird dir kalt werden.

Wenn du im T-Shirt nach
draußen gegangen wärst,
wäre dir kalt geworden.

In den verschiedenen Bedingungssätzen werden jeweils bestimmte Zeiten
verwendet:

Si **tienes** tiempo hoy,
Wenn du heute Zeit hast,

vamos | al cine.
iremos |
gehen wir ins Kino.

↓
presente de indicativo

↓
presente de indicativo / Futur I

Si **tuvieras** tiempo hoy,
Wenn du heute Zeit hättest,
Si **hubieras tenido** tiempo,
Wenn du Zeit gehabt hättest,

iríamos al cine.
würden wir ins Kino gehen/gingen wir ins Kino.
habríamos ido al cine.
wären wir ins Kino gegangen.

↓
imperfecto de subjuntivo
pluscuamperfecto de
subjuntivo

↓
condicional

Beachten Sie in den Beispielsätzen die Unterschiede beim Gebrauch des
Konjunktivs im Spanischen und im Deutschen:

Im Deutschen stehen Formen des Konjunktivs (wäre, hätte, gingen, wären
gegangen) und würde-Formen sowohl im Hauptsatz als auch im Nebensatz
(wenn). Deshalb kann man nicht eine würde-Form automatisch einem
spanischen *condicional* gleichsetzen, und umgekehrt bedeutet eine deutsche
Konjunktivform – z. B. wäre – nicht automatisch, dass ihr ein *imperfecto de
subjuntivo* entspricht.

Aber die Lösung im Spanischen ist denkbar einfach: In irrealen
Bedingungssätzen steht

im Hauptsatz	im si-Satz
condicional	*imperfecto de subjuntivo* *pluscuamperfecto de subjuntivo*

Dabei spielt es keine Rolle, ob der Satz mit dem Haupt- oder mit dem si-Satz
beginnt, d.h. es kann auch heißen: Iríamos al cine, si tuviéramos tiempo.
Merken Sie sich also: Nach der Konjunktion si darf das Verb weder im *presente
de subjuntivo* noch im Futur oder Konditional stehen.

Si hubieras estado aquí, todo | habría / hubiera | sido más fácil.

Wenn du hier gewesen wärst, wäre alles einfacher gewesen.

Im Hauptsatz kann man statt *condicional compuesto* ersatzweise auch
pluscuamperfecto de subjuntivo verwenden.
(*imperfecto de subjuntivo* ► NR. 47, *pluscuamperfecto de subjuntivo* ► NR. 48)

51 Der Imperativ

1 Der bejahte Imperativ

Die bejahten Imperative *(los imperativos afirmativos)* der 2. Person Singular
und Plural werden aus den entsprechenden Formen des Indikativs abgeleitet:

él/ella toma ► ¡toma!   er/sie nimmt   nimm!
vosotros/-as subís ► ¡subid!   ihr kommt hinauf   kommt hinauf!

	tú du	vosotros ihr	
-ar	toma	tomad	¡Espera, Paco!
	nimm	nehmt	Warte, Paco!
-er	lee	leed	¡Leed este texto!
	lies	lest	Lest diesen Text!
-ir	sube	subid	Sube, estoy aquí.
	komm hinauf	kommt hinauf	Komm hinauf, ich bin hier.

Für die 2. Person Plural wird in der Umgangssprache häufig der Infinitiv
verwendet:

Chicos, ¡esperar un momento!   Jungs, wartet einen Moment!

Die Imperative der 3. Person Singular und Plural – **Ud.**, **Uds.** – und der 1. Person Plural sind identisch mit denen des *presente de subjuntivo*. (► NR. 45)

	Ud. Sie (3. Pers. Sing.)	**Uds.** Sie (3: Pers. Pl.)	**nosotros** wir
-ar	tome	tomen	tomemos
	nehmen Sie	nehmen Sie	lasst uns nehmen
-er	lea	lean	leamos
	lesen Sie	lesen Sie	lasst uns lesen
-ir	suba	suban	subamos
	gehen Sie hinauf	gehen Sie hinauf	lasst uns hinaufgehen

Esperen un momento, por favor.
Warten Sie bitte einen Augenblick.
¡Subamos por aquí, venga!
Lasst uns hier hinaufgehen, los!
Pruebe los calamares, están riquísimos.
Probieren Sie die Calamares, sie sind ausgesprochen lecker.

Hallo. / Ja, bitte.

Einige Verben haben unregelmäßige Imperativformen in der 1. Person Singular, z. B. **di, sal, ten, ven, ve/vete** (2. Person Plural **id!**), **haz, pon** (sag, geh hinaus, hab, komm, geh, mach, stell/leg).

Die 1. Person Plural wird meist mit **vamos a** + Infinitiv (lasst uns …) umschrieben.

¡Vamos a dar una vuelta!   Lasst uns eine Runde drehen / einen Spaziergang machen.

2 | Der verneinte Imperativ

Alle Formen des verneinten Imperativs *(el imperativo negativo)* werden mit **no** + *presente de subjuntivo* gebildet. (► NR. 45)

No hagas eso.
Mach das nicht.
No haga Ud. eso.
Machen Sie das nicht.
No esperemos más.   No vamos a esperar más.
└── Lasst uns nicht mehr warten. ──┘

No creáis lo que dice.
Glaubt nicht, was er/sie sagt.
No me llamen Uds. antes de las nueve.
Rufen Sie mich nicht vor neun an.

	tú du	Ud. Sie (3. Pers. Sing.)
-ar	no tomes	no tome
	nimm nicht	nehmen Sie nicht
-er	no leas	no lea
	lies nicht	lesen Sie nicht
-ir	no subas	no suba
	geh nicht hinauf	gehen Sie nicht hinauf

	vosotros ihr	Uds. Sie (3. Pers. Pl.)
-ar	no toméis	no tomen
	nehmt nicht	nehmen Sie nicht
-er	no leáis	no leen
	lest nicht	lesen Sie nicht
-ir	no subáis	no suban
	geht nicht hinauf	gehen Sie nicht hinauf

Beachten Sie, dass die Verben, die im Präsens Indikativ einen Diphthong
erhalten, diese Unregelmäßigkeit auch in den Formen des Imperativs
beibehalten:

> vuelve, vuelva, volved, vuelvan;
> komm zurück, kommen Sie zurück, kommt zurück, kommen Sie zurück
> no vuelvas, no vuelva, no volváis, no vuelvan.
> komm nicht zurück, kommen Sie nicht zurück, kommt nicht zurück,
> kommen Sie nicht zurück

3 | Imperativ mit Personalpronomen

An den bejahten Imperativ wird das Pronomen angehängt.

> ¡**Imagínate** lo que ha pasado!   Stell dir vor, was passiert ist!
> La llave del coche, **dámela** ya.   Der Autoschlüssel – gib ihn mir schon.
> **Míralo** tú.   Sieh du dir das an.

Zwei Besonderheiten:

Bei den Reflexivverben entfällt in der 1. Person Plural
das -s vor dem Reflexivpronomen. Eigentlich ist aber
nur **vámonos** gebräuchlich,
ansonsten würde man die
umschreibende Form wäh-
len: **decidámonos** ► **vamos
a decidirnos**. (lasst uns eine
Entscheidung treffen)

¡Daos prisa!

Beeilt euch!

Ebenso entfällt bei der 2. Person Plural das -d- vor dem
Reflexivpronomen os: **Levantaos. Sentaos.** (Steht auf. Setzt euch.)
(► NR. 22)

Dem verneinten Imperativ wird das Pronomen vorangestellt. (► NR. 22.4)

> **No os vayáis.**
> Geht nicht.
> **No se preocupe** Ud.
> Machen Sie sich keine Sorgen.
> **No nos hagas** esperar, por favor.
> Lass uns bitte nicht warten.

4 | Imperative als Signale und Gesprächsstrategien

Einige Imperativformen werden nicht als Aufforderung im Sinne der Grundbe-
deutung des Verbs verwendet, sondern als Signale (z. B. wenn man jemanden
anspricht), als Strategien (z. B. um etwas Zeit zu gewinnen) oder zur Unter-
streichung des Gesagten.

> **Oiga**, ¿me podría hacer Ud. un favor?
> Hören Sie, könnten Sie mir bitte einen Gefallen tun?
> **Mire**, lo que Ud. dice es nuevo para mí, tendré que pensarlo.
> Schauen Sie, was Sie mir sagen, ist mir neu – ich muss darüber nachdenken.
> Llegaron a medianoche, i**fíjese**!
> Sie kamen um Mitternacht an – stellen Sie sich einmal vor!

52 Das Passiv

1 Das eigentliche Passiv

Das Passiv *(la voz pasiva)* wird im Spanischen mit **ser** + Partizip gebildet.
Das Objekt des aktiven Satzes wird Subjekt des Satzes im Passiv.

> (Traductores) han traducido los libros de Miguel Angel Asturias.
> Man (ein Übersetzer / eine Übersetzerin) hat die Bücher von Miguel
> Angel Asturias übersetzt.
> Los libros de Miguel Angel Asturias **han sido traducidos**
> (por traductores).
> Die Bücher von Miguel Angel Asturias sind (von Übersetzern) übersetzt worden.

Das Passiv wird – wie im Deutschen – vor allem dann gebraucht, wenn die
Handlung anonym ist bzw. wenn die handelnde Person (oder Sache) für die
Aussage nicht im Vordergrund steht.

> En 1523, los españoles conquistaron (lo que hoy es) Guatemala.
> 1523 eroberten die Spanier (das heutige) Guatemala.
> Guatemala **fue conquistada** en 1523 por los españoles.
> Guatemala wurde 1523 von den Spaniern erobert.

Wenn auch die handelnde Person in der Aussage eine Rolle spielt, wird sie
mit **por** eingeführt.

> La película **fue producida** en 1948.
> Der Film wurde 1948 produziert.
> El libro **fue prohibido por** la censura.
> Das Buch wurde von der Zensur verboten.

Das Partizip wird dem Subjekt des Passivsatzes angeglichen.
Das Passiv kommt vor allem in geschriebener Sprache vor.

2 Reflexive Formen in passivischer Bedeutung

Viel häufiger als das eigentliche Passiv wird die reflexive Form des Verbs
verwendet:

> Man schält eine Tomate = eine Tomate wird geschält.
> **Se pela** un tomate.

Ist das Objekt des unpersönlichen Satzes ein Plural, so steht auch das Verb im Plural.

> Man kocht die Kartoffeln = die Kartoffeln werden gekocht.
> **Se cuecen** las patatas.   Las patatas **se cuecen**.

3 | Zustandspassiv als Ergebnis

Das Ergebnis einer passivischen Handlung wird mit estar + Partizip ausgedrückt.
(► NR. 53.2)

> Die Kartoffeln sind schon gekocht.
> Las patatas ya **están cocidas**.

4 | Reflexiver Gebrauch des Verbs statt Passiv

Weit häufiger als das eigentliche Passiv ist die unpersönliche Form des Verbs – deutsch: man – mit dem Reflexivpronomen se, vorausgesetzt es handelt sich nicht bereits um ein Reflexivverb.
(► NR. 56)

> En la República Dominicana **se baila** el merengue.
> In der Dominikanischen Republik tanzt man Merengue.
> En el Caribe **se hablan** varios idiomas.
> In der Karibik spricht man verschiedene Sprachen.
> Aquí **se pueden ver** muchas cosas interesantes.
> Hier kann man viele interessante Dinge sehen.
> El último libro de Miguel Angel Asturias **se ha traducido** a varios idiomas.
> Das letzte Buch von Miguel Angel Asturías hat man in verschiedene Sprachen übersetzt.
> Los libros de Miguel Angel Asturias **se han traducido** a varios idiomas.
> Die Bücher von Miguel Angel Asturias sind in verschiedene Sprachen übersetzt worden.

Wenn ein direktes Objekt im Singular vorhanden ist, steht auch das Verb im Singular; ist das Objekt ein Plural, so steht auch das Verb im Plural. (Das wird leichter verständlich, wenn man die Sätze als unpersönliches, anonymes

Passiv übersetzt: Merengue wird getanzt, verschiedene Sprachen werden gesprochen, interessante Dinge sind zu sehen, „können gesehen werden" usw.)

Neben den Formen mit **se** begegnet man anderen unpersönlichen Ausdrücken, vor allem einfach der 3. Person Plural:

> En Paraguay **toman** mucho mate.
> In Paraguay trinkt man viel Mate / wird viel Mate getrunken.

53 Infinitiv, Partizip und gerundio

Es gibt drei Formen des Verbs, die nicht konjugiert sind, also kein Merkmal für die Angabe einer Person oder einer Zeit enthalten. Man nennt sie auch „infinite" Formen. Sie sind unentbehrlich in einer ganzen Reihe wichtiger Funktionen und Satzkonstruktionen.

Infinitiv	tom**ar**	nehmen	com**er**	essen	viv**ir**	leben
Partizip	tom**ado**	genommen	com**ido**	gegessen	viv**ido**	gelebt
gerundio	tom**ando**	–	com**iendo**	–	viv**iendo**	–

1 Der Infinitiv

1. Der Infinitiv *(el infinitivo)* als Subjekt

Der Infinitiv ist häufig Subjekt von unpersönlichen Ausdrücken. Dabei steht er selten vor diesem Ausdruck (was im Deutschen eher möglich ist: „Das zu verstehen ist schwierig").

> Me gusta **estar sentado** en una terraza.
> Ich sitze (im Café oder Restaurant) gerne draußen.
> Es interesante **observar** a la gente.
> Es ist interessant, die Leute zu beobachten.
> Es agradable **trabajar** aquí.
> Es ist angenehm, hier zu arbeiten.
> Es un poco difícil **entender** esto.
> Es ist ein bisschen schwierig, das zu verstehen.

Bei **fácil/difícil de entender** ist nicht **entender** Subjekt – vor dem Subjekt kann ja keine Präposition stehen –, sondern es entsteht ein Ausdruck, der einem deutschen „leicht/schwer verständlich" entspricht.

> ¡Este programa es **fácil/difícil** de entender!
> Dieses Programm ist leicht/schwer zu verstehen.

2. Der Infinitiv als Objekt

Bei Verben, die ein direktes Objekt (Akkusativ) haben können, ist dieses Objekt häufig ein Infinitiv. Das Subjekt dieses Infinitivs ist in aller Regel mit dem Subjekt des konjugierten Verbs identisch.

> **Espero poder quedarme** una semana más.
> Ich hoffe, noch eine Woche länger bleiben zu können.
> ¿Has conseguido **convencer** a mis amigos?
> Hast du es geschafft, meine Freunde zu überzeugen?
> Necesito **tomarme** unas vacaciones.
> Ich habe das Bedürfnis, Urlaub zu nehmen.

3. Der Infinitiv nach Modalverben und nach Verben der Wahrnehmung

Infinitiv steht nach allen Modalverben (► Nr. 30), ebenso nach Verben der Absicht: intentar, procurar (versuchen, sich bemühen).

> **Quiero irme.**
> Ich möchte gehen.
> **Intentaré llamarte** mañana.
> Ich werde versuchen, dich morgen anzurufen.
> **Procuraré ser** puntual.
> Ich werde mich bemühen, pünktlich zu sein.

Ebenso steht Infinitiv nach Verben des Zulassens, Veranlassens oder Verursachens und nach Verben der Wahrnehmung.

> El médico todavía **no me deja salir** de la clínica.
> Der Arzt lässt mich noch nicht die Klinik verlassen.
> **No me permiten salir.**
> Sie erlauben mir nicht, auszugehen.
> **Le haré llegar** el billete mañana. ¿Me da su dirección?
> Ich werde Ihnen die Fahrkarte morgen zukommen lassen. Geben Sie mir Ihre Adresse?
> **Les he hecho esperar**, lo siento.
> Ich habe Sie warten lassen – es tut mir Leid.
> **Te he visto venir.**
> Ich habe dich kommen sehen.
> **No te he oído entrar.**
> Ich habe dich nicht hereinkommen hören.

4. Präposition + Infinitiv als Ergänzung

Der Infinitiv ist in vielen Fällen mit dem Hauptverb oder einem vorangehenden Adjektiv oder Nomen durch eine Präposition verbunden, die wiederum als untrennbarer Bestandteil des Verbs, Adjektivs oder Nomens anzusehen ist.

Ha **comenzado a llover**.	Es hat zu regnen angefangen.
Estoy **orgulloso de haber aprobado** el examen.	Ich bin stolz darauf, die Prüfung bestanden zu haben.
Tengo ganas de ir a bailar.	Ich habe Lust, tanzen zu gehen.

5. Präposition + Infinitiv als verkürzter Nebensatz

Die meisten Präpositionen können im Spanischen mit einem Infinitiv verbunden werden. Das Subjekt des Infinitivs ist identisch mit dem des Hauptsatzes. Mit Ausnahme von **para** + Infinitiv (um zu) sind diese Infinitivkonstruktionen im Deutschen unmöglich.

para + Infinitiv: Absicht
> **Estoy ahorrando para ir a España.**
> Ich spare im Moment, um nach Spanien zu fahren.

antes de + Infinitiv: eine Handlung zeitlich vor einer anderen
> **Antes de ir a España te llamaré.**
> Bevor ich nach Spanien fahre, rufe ich dich an.

después de + Infinitiv: eine Handlung zeitlich nach einer anderen
> **Después de volver te lo contaré todo.**
> Wenn ich zurück bin, erzähle ich dir alles.

al + Infinitiv: eine Handlung gleichzeitig mit einer anderen
> **Al llegar, vi a mis amigos. Ya me estaban esperando.**
> **(Cuando llegué, vi a mis amigos.)**
> Als ich ankam, sah ich meine Freunde. Sie warteten bereits auf mich.
> (Als ich ankam, sah ich meine Freunde).

6. Infinitiv als Verkürzung von Hauptsätzen

In Verbindung mit Fragewörtern kann der Infinitiv ohne das – automatisch mitzudenkende – Modalverb **poder, tener que, deber** (können, müssen) stehen.

¿Qué hacer?	Was soll ich machen?
No sé qué hacer.	Ich weiß nicht, was ich machen soll.

7. Wichtige Verbalkonstruktionen mit Infinitiv *(perífrasis verbales)*

Perífrasis verbal nennt man die Verbindung zweier Verben zu einer einzigen Aussage, in der das konjugierte Verb seine ursprüngliche, eigene Bedeutung verliert.

ir a + Infinitiv: nahe Zukunft
> **Voy a llamar enseguida.**
> Ich will gleich / werde gleich anrufen.

acabar de + Infinitiv: nahe Vergangenheit
> **Acabo de hablar con Pablo.**
> Ich habe eben mit Pablo gesprochen.
> **Él acaba de volver de Francia.**
> Er kam soeben aus Frankreich zurück.

volver a + Infinitiv: Wiederholung
> **Ha vuelto a llamar.**
> Er/Sie hat wieder angerufen.

ponerse a + Infinitiv: Beginn der Handlung
> **Ahora me pongo a trabajar.**
> Jetzt fange ich an zu arbeiten.

llegar a + ser: Endpunkt einer Entwicklung
> **Ana llegó a ser directora de la empresa.**
> Ana wurde (= hat es geschafft) Direktorin des Unternehmens zu werden.

Ir a + Infinitiv enthält neben dem Ausdruck einer (nahen) Zukunft oft auch den Ausdruck einer festen Absicht und damit einer sicheren Ankündigung.

Neben verbalen Umschreibungen mit Infinitiv gibt es andere mit *gerundio*.
(► NR. 53.3)

2 | Das Partizip

Wir brauchen im Spanischen nicht zu unterscheiden zwischen Partizip Präsens und Partizip Perfekt, weil es das Partizip Präsens praktisch nicht gibt: Es existiert nur in Form einiger Adjektive – **brillante, obediente** (brillant, gehorsam) –, kann aber nicht wie im Deutschen von allen Verben gebildet werden.

1. Die Formen

tom**ado** – com**ido** – viv**ido**
genommen – gegessen – gelebt

Neben der überwiegenden Zahl der regelmäßigen Formen des Partizips gibt es einige unregelmäßige Formen wie z. B. **abierto** (geöffnet). (► ANHANG 6.3)

2. Das Partizip *(el participio)* als Bestandteil der zusammengesetzten Verbformen

In allen mit **haber** zusammengesetzten Formen ist das Partizip unveränderlich.

trabajar   arbeiten

he trabajado, había trabajado, habré trabajado, habría trabajado,
si hubiera/hubiese trabajado
ich habe gearbeitet, ich hatte gearbeitet, ich werde gearbeitet haben, ich hätte gearbeitet, wenn ich gearbeitet hätte

3. Das Partizip im Passiv

Das Partizip als Teil des Passivs – **ser** + Partizip – wird dem Subjekt angeglichen.

Algunas sal**as** del Palacio de Oriente deberán ser restaurad**as**.
Einige Räume im Palacio de Oriente werden restauriert werden müssen.

Auch beim Zustandspassiv – **estar** + Partizip – wird das Partizip dem Subjekt angeglichen.

Los pis**os** de enfrente ya están casi todos ocupad**os**.
Die Wohnungen gegenüber sind schon fast alle vergeben/belegt.

3 Das gerundio

1. Die Formen

Das *gerundio* ist eine unveränderliche Form des Verbs. Neben der überwiegenden Zahl der regelmäßigen Formen stehen einige unregelmäßige wie **durmiendo (dormir)** schlafend (schlafen), **diciendo (decir)** sagend (sagen). Solche Unregelmäßigkeiten beziehen sich immer auf den Stamm, sodass alle Formen des *gerundio* sofort an der Endung als solche (-ando, -iendo) zu erkennen sind.

tom**ando** – com**iendo** – viv**iendo**   nehmend – essend – lebend

2. estar + *gerundio*

Estar + *gerundio* bildet eine Verlaufsform des Verbs: die Handlung ist – gerade in diesem Moment oder, weiter gefasst, zur Zeit – in Gang.

> Un momento, **estoy hablando** por teléfono.
> Einen Moment, ich bin gerade am Telefon.

> **Me están esperando** en casa.
> Sie warten zu Hause auf mich.

(Stellung des Personalpronomens beim *gerundio* ► NR. 22.4)

3. Wichtige Verbalkonstruktionen mit *gerundio (perífrasis verbales)*

estar + *gerundio*: die Handlung findet zur Zeit statt
> Claudia está esperando a Julio.
> Claudia wartet gerade auf Julio.

llevar + Zeitraum + *gerundio*: die Handlung findet seit einer bestimmten Zeit statt
> Lleva ya un cuarto de hora esperando.
> Er/sie wartet bereits eine Viertelstunde.

continuar/seguir + *gerundio*: die Handlung dauert noch an bzw. wird fortgesetzt
> Ana sigue trabajando en la misma empresa.
> Ana arbeitet nach wie vor in der gleichen Firma.
> Ahora, continúe Ud. leyendo, por favor.
> Und nun, lesen Sie bitte weiter.
> Sigue lloviendo.
> Es regnet immer noch.

ir + *gerundio*: die Handlung entwickelt sich allmählich
> Poco a poco, lo voy entendiendo todo.
> Allmählich verstehe ich alles.

Die meisten dieser wichtigen verbalen Umschreibungen können im Deutschen nur durch Adverbien ausgedrückt werden, was wiederum umgekehrt im Spanischen nicht möglich ist.

4. Das *gerundio* als Adverb

José se queda en casa mirando la televisión.
José bleibt zu Hause und sieht fern.
Entró sonriendo.
Er/sie kam lächelnd / mit einem Lächeln
auf den Lippen hinein.

In diesem Fall bezeichnen beide Verben –
das konjugierte Verb und das *gerundio* –
Handlungen, die zeitlich annähernd
zusammenfallen.

Wie schon beim Partizip angemerkt, gibt es im Spanischen kein Partizip Präsens.
Das *gerundio* kann zwar manchmal als solches übersetzt werden – „er kam
lächelnd herein" –, es kann aber nicht allgemein wie im Deutschen als Adjektiv –
„die lächelnden Gäste" – benützt werden.

54 Verb, Subjekt und Prädikatsnomen

1 Verb und Subjektpronomen

Das Verb enthält in der Endung die Angabe der Person, sodass die Verwendung
des Subjektpronomens im Allgemeinen nicht erforderlich ist. (► NR. 22.1)

Yo no lo creo. ⎤
⎥— Ich glaube es nicht.
No lo creo. ⎦

Wenn der Sprecher sich in den Kreis mehrerer Subjekte mit einbezieht, wird
1. Person Plural verwendet. (Dagegen nicht: *Nosotros los españoles).

Entre tú y yo podemos hacerlo.   Wir beide können das machen.
Los españoles somos así.   Wir Spanier sind so.

2 Verb und Prädikatsnomen

Ist das Prädikatsnomen ein Plural, so steht auch das Verb im Plural (obwohl das
Subjekt im Singular steht).

Todo lo que dices son tonterías.   Alles was du sagst, sind Dummheiten. /
Du sagst nichts als Dummheiten.

3 | Unpersönliche Verben / Unpersönliches Subjekt

Eine Reihe von Verben sind nur unpersönlich zu gebrauchen, d.h. sie stehen in der 3. Person Singular ohne eigenes Subjekt.

Llueve.	Es regnet.
Nieva.	Es schneit.

Andere sind in bestimmten Ausdrücken und Bedeutungen unpersönlich.

Hace sol.	Es ist sonnig.
Hace calor.	Es ist heiß.

Einige Verben werden unpersönlich verwendet, stehen aber in Verbindung mit einem Personalpronomen, sodass sie zwar kein grammatisches, aber doch ein logisches persönliches Subjekt haben. (Passiv ▶ NR. 52.2, NR. 52.4)

Me gusta.	Es gefällt mir.
Me parece muy bien.	Ich finde es sehr gut.
Me horroriza.	Es entsetzt mich. / Ich finde es schrecklich.
Me molesta.	Es stört mich.

Die unpersönliche Form von **haber** ist **hay** (es gibt), (vgl. süddeutsch, schweizerisch „es hat"). Sie gilt für Objekte im Singular und im Plural.

Hay un concierto en la plaza.	Es findet ein Konzert auf dem Platz statt.
Hay cosas muy interesantes en la feria.	Es gibt sehr viel Interessantes auf der Messe.

55 Die Ergänzungen des Verbs

Es wird Ihnen schnell eine gewisse Sicherheit im Ausdruck geben, wenn Sie immer oder meistens wissen, „wie es nach dem Verb weitergeht" bzw. welche Personalpronomen vor dem Verb stehen können oder müssen (Dativ/Akkusativ?). Das Verb ist ja immer die Schlüsselstelle im Satz. Vor dem Verb muss bereits klar sein, ob der Satz positiv oder negativ sein soll. Und nach dem Verb gibt es Fortsetzungen mit und ohne Präposition, mit Infinitiv (z. B. beim Modalverb), mit Nomen (Objekten), mit Nebensätzen (Objektsätzen) usw.

In diesem Kapitel geht es darum, zumindest bei wichtigen Verben zu wissen, wie alle diese möglichen Ergänzungen nach dem Verb funktionieren. Nehmen Sie sich deshalb speziell für dieses Kapitel etwas Zeit und Muße.

1 | Verben mit direktem Objekt

Verben mit direktem Objekt nennt man transitive Verben. (Von ihnen kann ein Passiv oder Zustandspassiv gebildet werden: **El libro está vendido / La manzana fue robado por Juan.** – Das Buch ist verkauft. / Der Apfel wurde von Juan gestohlen.)

Vamos a comprar ese libro.
Wir werden das Buch da kaufen.
Juan ha robado una manzana.
Juan hat einen Apfel gestohlen.

Verben, die im Deutschen transitiv sind, sind es fast ohne Ausnahme auch im Spanischen.

2 | Das direkte Objekt der Person

Das direkte Objekt (Akkusativobjekt) wird mit **a** gekennzeichnet, wenn es sich um eine konkret bekannte Person handelt.

¿Has visto a Luisa?	Hast du Luisa gesehen?
He visitado a un amigo de mi hermano.	Ich habe einen Freund meines Bruders besucht.

Dies gilt auch für Pronomen, die sich auf Personen beziehen, wie **¿quién?**, **alguien, nadie, alguno** (wen?, jemanden, niemanden, (irgend)einen).

¿A quién estás buscando?	Wen suchst du?
¿Has visto a alguien?	Hast du jemanden gesehen?
No he visto a nadie.	Ich habe niemanden gesehen.
Vamos a invitar a alguno de los compañeros del curso.	Wir werden einen von unseren Studienkollegen einladen.

Wenn das direkte Objekt eine noch nicht konkret existierende Person ist, entfällt **a**. Das ist meist der Fall nach Verben wie **buscar, necesitar** (suchen, brauchen) + unbestimmtem Artikel. Ebenso bei Nomen mit unbestimmtem Artikel nach **tener**.

Están buscando una secretaria, ¿no te interesa?
Sie suchen gerade eine Sekretärin – bist du nicht interessiert?
Tengo una hermana en París.
Ich habe eine Schwester in Paris.

3 | Verben mit indirektem Objekt und Verben ohne Objekt

Verben, die kein Akkusativobjekt haben können, nennt man intransitive Verben. Es sind Verben mit einem Dativobjekt oder ohne Objekt, vor allem die Verben der Bewegung.

Le creo.	Ich glaube ihm/ihr.
No le he contestado todavía.	Ich habe ihm/ihr noch nicht geantwortet.
Voy mañana.	Ich gehe/fahre morgen.
Ellos vienen mañana.	Sie kommen morgen.

Verben, die im Spanischen intransitiv sind, sind es fast ohne Ausnahme auch im Deutschen.

Le voy a preguntar (a mi amigo).	Ich werde ihn fragen (meinen Freund).
Esto lo puedo preguntar.	Das kann ich fragen.
Se lo puedo preguntar (a mi amigo).	Ich kann es ihn fragen (meinen Freund).

Eine sehr wichtige Abweichung:

preguntar algo	etwas fragen, nach etwas fragen
preguntar a alguien (Dativ)	jemanden fragen

4 | Verben mit zwei Objekten

Für die Abfolge von zwei Objekten – direktes und indirektes Objekt – gibt es keine feste Regel. Das Objekt an zweiter Stelle ist stärker betont, es beinhaltet die eigentliche, wichtigere Information.

Le vamos a regalar este libro a tu hermano.
Wir werden dieses Buch deinem Bruder schenken.
Le vamos a regalar a tu hermano este libro.
Wir werden deinem Bruder dieses Buch schenken.

(Objektpronomen ► NR. 22.4)

5 | Verbergänzungen mit einer Präposition

Wie im Deutschen gibt es Verben – alegrarse de, pensar en (sich über etwas freuen, an etwas denken) – die ihr Objekt mit einer Präposition „an sich binden". Dieses Objekt kann ein Nomen sein – vuestra visita (euren Besuch) –, ein Infinitiv – veros (euch zu sehen) – oder ein ganzer Nebensatz – que hayáis venido (dass ihr gekommen seid).

Me alegro de	vuestra visita.	über euren Besuch.
Ich freue mich (darüber,)	veros.	euch zu sehen.
	que hayáis venido.	dass du gekommen bist.

Nicht bei jedem Verb + Präposition müssen alle drei Möglichkeiten der Satz-konstruktion auch einen Sinn ergeben, aber grundsätzlich sollten Sie bei wichtigen Verben die zugehörige Präposition kennen, da sie eine wichtige Scharnierfunktion hat:

acostumbrarse a	sich gewöhnen an
alegrarse de	sich freuen über
aprender a	lernen zu
pensar en	denken an
quedar en	vereinbaren zu
soñar con	träumen von
tardar en	Zeit brauchen, um zu
tratarse de	sich handeln um
comenzar una cosa	etwas beginnen
comenzar a hacer una cosa	beginnen etwas zu tun
empezar una cosa	etwas beginnen
empezar a hacer una cosa	beginnen etwas zu tun
dejar una cosa	etwas liegen lassen, etwas aufgeben
dejar de hacer una cosa	aufhören etwas zu tun

Einige Verben sind transitiv (ohne Präposition), schließen aber einen folgenden Infinitiv mit einer Präposition an.

56 | Reflexive Verben und reflexiv gebrauchte Verben

1 | Reflexive Verben

Viele transitive Verben können als direktes Objekt ein Reflexivpronomen haben. Wir sprechen dann von reflexiven Verben *(verbos reflexivos)*. Das Reflexivpro-nomen steht anders als im Deutschen immer vor dem konjugierten Verb. Es wird dagegen an den bejahten Imperativ, den Infinitiv und das *gerundio* angehängt. (► NR. 51, NR. 53)

Un momento, te abro la puerta.	Einen Moment, ich öffne dir die Tür.
La puerta se abre.	Die Tür geht auf (= öffnet sich).

In vielen Fällen entspricht dem spanischen reflexiven Verb ein ebensolches deutsches. In anderen Fällen ist die deutsche Entsprechung nicht reflexiv: müde werden, heiraten. Umgekehrt sind manche reflexiven Verben des Deutschen im Spanischen intransitiv: sich ändern – **cambiar.**

Me levanto a las ocho.	Ich stehe um acht auf.
Me acuerdo mucho de vosotros.	Ich denke (= ich erinnere mich) oft an euch.
¿Te casas?	Du heiratest?
¿Cuándo te vas a casar?	Wann heiratest du?

Stehen die Reflexivpronomen als direkte Objekte zum Verb, nennt man sie direkte Reflexivpronomen. Stehen die Reflexivpronomen als indirekte Objekte zum Verb, nennt man sie indirekte Reflexivpronomen.

   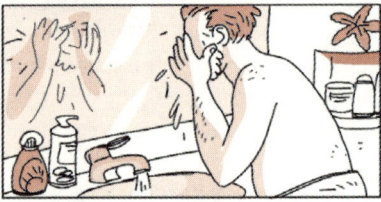

Me lavo.   Me lavo la cara.
Ich wasche mich.   Ich wasche mir das Gesicht.
direktes Reflexivpronomen   indirektes Reflexivpronomen

2 Reflexiver Gebrauch mit Bedeutungsänderung

Bei manchen Verben tritt eine so weitgehende Bedeutungsänderung ein, dass das reflexive Verb praktisch nichts mehr mit dem nicht reflexiven gemein hat.

El niño todavía no duerme.	Das Kind schläft noch nicht.
¿Cuándo va a dormirse por fin?	Wann wird es endlich einschlafen?
Carmen parece bastante joven.	Carmen sieht sehr jung aus.
Carmen se parece bastante a su padre.	Carmen sieht ihrem Vater sehr ähnlich.
Pon las flores aquí.	Stell die Blumen hierher.
Ponte otra blusa.	Zieh dir eine andere Bluse an.

3 | *Olvidarse*

Für das Verb **olvidar** (vergessen)
gibt es drei Konstruktionen. Ent-
scheiden Sie sich für Ihren eigenen
Gebrauch für eine davon. Die anderen sollten Sie verstehen, ohne sich
verwirren zu lassen.

> He olvidado las llaves.
> Me he olvidado de las llaves. — Ich habe die Schlüssel vergessen.
> Se me han olvidado las llaves.

57 Die indirekte Rede und die Zeitenfolge

Was wir im Deutschen „indirekte Rede" nennen, heißt im Spanischen – eigentlich richtiger, weil es ja nicht nur ums Reden geht – *estilo indirecto*. Es ist die
Form des Berichts über alles, was jemand – auch wir selbst – gesagt, geschrieben
oder gedacht haben.

Wie beim Konditionalsatz (► NR. 50) können Sie sich das Leben ungemein erleichtern, wenn Sie bei der Wiedergabe von Gesagtem und Gedachtem jeden
Gedanken an deutsche Formulierungen vermeiden, da diese nur verwirren
können. Das spanische System dagegen ist konsequent einheitlich und logisch.

1 | Einleitender Hauptsatz im Präsens, Perfekt oder Futur

Wenn der Bericht durch einen Satz im Präsens, Perfekt oder Futur eingeleitet
wird – **dice / ha dicho** (er/sie sagt/ hat gesagt) –, ändert sich an den Zeiten im
Nebensatz überhaupt nichts. Es werden lediglich die Personalpronomen und
die entsprechende Form des Verbs verändert.
Hier wird wieder deutlich, wie eng das zusammengesetzte Perfekt – Präsens von
haber + Partizip – mit der Gegenwart in Verbindung gebracht wird.

Sie hat gesagt, dass ...

Direkte Rede	Indirekte Rede			
Voy Ich gehe	Dice Er/sie sagt,	que dass er/sie ins Kino	va geht.	al cine.
Fui Ich ging / bin gegangen	Ha dicho Er/sie hat gesagt,		fue gegangen ist.	
He ido Ich bin gegangen / ging	Dirá Er/sie wird sagen,		ha ido gegangen ist.	
Había ido Ich war gegangen			había ido gegangen war.	
Iría Ich ginge / würde gehen			iría ginge / gehen würde.	
Habría ido Ich wäre gegangen			habría ido gegangen wäre.	
Hubiera/ Hubiese ido Ich wäre gegangen			hubiera/ hubiese ido gegangen wäre.	
Iré Ich werde gehen			irá gehen wird.	
Habré ido Ich werde gegangen sein			habrá ido gegangen sein wird.	

Eine Frage ohne Fragewort wird mit **si** (ob) wiedergegeben. (Fragewörter bleiben unverändert im Nebensatz).

¿Has llamado? **Me ha preguntado si he llamado.**
Hast du angerufen? Er/sie hat mich gefragt, ob ich angerufen habe.

¿Qué haces? **Me pregunta qué hago.**
Was machst du? Er/sie fragt mich, was ich mache.

Imperative werden in der indirekten Rede zu *presente de subjuntivo*.

Llama.	Me dice/pide que llame.
Ruf an.	Er/sie sagt mir / verlangt, dass ich anrufe.
Diles ...	Me dice/pide que les diga ...
Sag ihnen, ...	Er/sie sagt mir / verlangt, dass ich ihnen sage ...

Ein bereits vorhandener *subjuntivo* im Original wird in der Wiedergabe nicht verändert.

| Espero que pueda ... | Dice que espera que pueda ... |
| Ich hoffe, ich kann ... | Er/sie sagt, dass er/sie hofft, dass er/sie ... kann. |

2 | Einleitender Hauptsatz in der Vergangenheit

Steht der einleitende Satz der indirekten Rede in einer Vergangenheitszeit, dann müssen außer den üblichen Veränderungen wie im indirekten Satz der Gegenwart (Personalpronomen, Possessiva, Adverbien der Zeit und des Ortes) auch noch die Verbzeiten nach einer strengen Zeitenfolge, wie aus nachstehendem Schema ersichtlich, verändert werden:

Direkte Rede	Indirekte Rede
Präsens ►	Imperfekt
Perfekt ►	Plusquamperfekt
indefinido ►	Plusquamperfekt oder *indefinido*
Futur ►	*condicional*

Die übrigen Zeiten in der direkten Rede – Imperfekt, Plusquamperfekt, Futur II – bleiben unverändert. Dies gilt sowohl für Indikativ wie für *subjuntivo*.

Der Imperativ wird durch *imperfecto de subjuntivo* wiedergegeben.

Llama ...	Me dijo que llamase ...
Ruf an ...	Er/sie sagte mir, dass ich ...anrufe.
Diles ...	Me pidió que les dijera ...
Sag ihnen ...	Er/sie verlangte von mir, dass ich ihnen sage ...

Direkte Rede	Indirekte Rede			
Voy Ich gehe	Dijo Er/sie sagte,	que dass er/sie ins Kino	iba geht.	al cine.
Fui Ich ging / bin gegangen	Decía Er/sie sagte,		había ido/fue gegangen sei/ war.	
He ido Ich bin gegangen / ich ging	Había dicho Er/sie hatte gesagt,		había ido gegangen sei/ war.	
Había ido Ich war gegangen			había ido gegangen sei/ war.	
Iría Ich ginge / würde gehen			iría ginge.	
Habría ido Ich wäre gegangen			habría ido gegangen wäre.	
Hubiera/ Hubiese ido Ich wäre gegangen			hubiera/ hubiese ido gegangen wäre.	
Iré Ich werde gehen			iría ginge.	
Habré ido Ich werde gegangen sein			habría ido gegangen wäre.	

3 │ Orts- und Zeitangaben in der indirekten Rede

In 57.1 wird bereits darauf hingewiesen, dass sich in der indirekten Rede natürlich auch Bezüge zu Personen ändern müssen. Der Sprecher bzw. die Sprecherin
ist dann er/sie usw.; ebenfalls müssen natürlich Ortsangaben, Zeitangaben,
Richtungsangaben usw. verändert werden (ir/venir, traer/llevar, la semana
siguiente / que viene – gehen/kommen, bringen, in der darauffolgenden Woche /
nächste Woche).

Aquí me **siento** bien. Hier fühle ich mich wohl.	Dijo que allí se **sentía** bien. Er/sie sagte, dass er/sie sich dort wohl fühle.
Ayer **trabajé** mucho. Gestern habe ich viel gearbeitet.	Dijo que el día anterior **había trabajado** mucho. Er/sie sagte, dass er/sie gestern / am Vortag viel gearbeitet habe.
Ahora no **hay** nadie. Im Moment ist niemand da.	Dijo que entonces no **había** nadie. Er/sie sagte, dass damals niemand da war.
¿**Has llegado** en este momento? Bist du gerade angekommen?	Me preguntó si **había llegado** en aquel momento. Er/sie fragte mich, ob ich gerade angekommen sei.
Lo **haré** la semana que viene. Ich werde es nächste Woche machen.	Dijo que lo **haría** la semana siguiente. Er/sie sagte, dass er/sie es in der darauf folgenden Woche machen würde.
Ven a verme mañana. Komm morgen bei mir vorbei.	Dijo que le **fuera** a ver al día siguiente. Er/sie sagte, dass ich morgen bei ihm/ihr vorbeikommen solle.
Tráeme ese libro. Bring mir das Buch.	Dijo que le **llevara** un libro. Er/Sie sagte, dass ich ihm/ihr das Buch bringen solle.

58 Die Negation

1 *No*

Die beiden deutschen Verneinungen „nein/nicht" werden im Spanischen durch ein und dasselbe Wort ausgedrückt: no.

Ein Grundprinzip des Spanischen ist es, dass in einem verneinten Satz die Verneinung *(la negación)* vor dem Verb erscheinen muss.
Zwischen no und dem Verb können nur Personalpronomen stehen.

- ¿Tú eres alemán?
  Bist du Deutscher?
  – No, no soy alemán, soy austríaco.
  Nein, ich bin nicht Deutscher, ich bin Österreicher.

- ¿Me lo dices?
  Sagst du es mir?
  – No, no te lo puedo decir.
  Nein, ich kann es dir nicht sagen.

In Verbindung mit Verben wie **hay, tener, quedar** (es gibt, haben, übrig sein) + Nomen übernimmt **no** die Funktion des deutschen „kein".

- **¿Hay vino?**
  Ist Wein da?

  – **No, no hay vino. No queda. Lo siento.**
  Nein, es ist kein Wein da. Es ist keiner mehr übrig. Tut mir Leid.

- **¿Tienes tiempo hoy?**
  Hast du heute Zeit?

  – **No, no tengo tiempo.**
  Nein, ich habe keine Zeit.

- **¿Tienes amigos aquí?**
  Hast du hier Freunde?

  – **No, aquí no tengo amigos.**
  Nein, ich habe keine Freunde hier.

---

2 | **Die mehrfache Verneinung**

Eine Reihe von unbestimmten Pronomen drücken eine Negation aus. Sie stehen normalerweise nach dem Verb, vor diesem muss aber durch **no** angezeigt werden, dass der ganze Satz verneint ist. (Die beiden Verneinungen heben sich nicht gegenseitig auf!).

- **¿Qué has dicho?**
  Was hast du gesagt?

  – **No he dicho nada.**
  Ich habe nichts gesagt.

- **Tú crees que hay alguien ahí?**
  Glaubst du, dass dort jemand ist?

  – **No, creo que no hay nadie.**
  Nein, ich glaube, da ist niemand.

Wenn das negative unbestimmte Pronomen als Subjekt vor dem Verb steht, ist natürlich keine weitere Verneinung erforderlich.

| **He mirado varios libros,** Ich habe mir mehrere Bücher angeschaut, | **pero ninguno me ha gustado.** aber keines hat mir gefallen. |
| | **pero no me ha gustado ninguno.** aber mir hat keines gefallen. |

Die folgenden Beispiele zeigen, dass das gleiche Prinzip auch beim Hinzutreten weiterer Verneinungen beibehalten wird, wo im Deutschen positive unbestimmte Pronomen stehen würden: Ich habe auch nie etwas gesagt. Ich habe niemanden etwas gefragt.

- **¿Le has dicho algo?**
  Hast du ihm/ihr etwas gesagt?

  – **No, no le he dicho nada. /**
  Nein, ich habe ihm/ihr nichts gesagt. /
  No le he dicho nunca nada.
  Ich habe ihm/ihr niemals etwas gesagt.

- Yo no le he dicho nunca nada tampoco.
  Ich habe ihr auch niemals etwas gesagt.

- ¿Has preguntado a alguien?
  Hast du jemanden gefragt?
  – No, no he preguntado a nadie. /
  Nein, ich habe niemanden gefragt. /
  No he preguntado nada a nadie.
  Ich habe niemanden etwas gefragt.

3 Ni

Eine zweite Verneinung, die sich an die erste anschließt, wird mit ni eingeleitet: und nicht, auch nicht.

Yo no sé francés ni italiano.
Ich kann kein Französisch und kein Italienisch.

ni ... ni ... – weder ... noch ...

No descansa ni de día ni de noche.
Er/Sie ruht weder tags noch nachts.

Ni ist eine stark betonte Verneinung in umgangssprachlichen Ausdrücken.

¡(No tengo) ni idea!
Ich habe keine Ahnung!
¡Ni hablar!
Auf keinen Fall!

Die Präposition

59 Grundsätzliches

Präpositionen drücken örtliche, zeitliche (und auch andere) Beziehungen zwischen Personen, Gegenständen usw. aus.

en España
in Spanien
a mediodía
am Mittag

con dificultad
unter (großen) Schwierigkeiten
sin dinero
ohne Geld

Sie sind aber häufig in Ausdrücken anzutreffen, in denen ihre ursprüngliche Eigenbedeutung nicht mehr zutage tritt.

de esta manera
so / auf diese Art und Weise

por otra parte
andererseits

60 Grundbedeutungen von Präpositionen

1 Die Präposition *a*

A gibt die Richtung einer Bewegung bzw. ihr Ziel an.

Vamos a casa.	Wir gehen nach Hause.

A dient zur Angabe der Uhrzeit.

¿A qué hora?	Um wie viel Uhr?
A las diez de la mañana.	Um zehn Uhr morgens.

A dient zur Angabe der Häufigkeit innerhalb eines Zeitraums.

Una vez a la semana voy a nadar.
Einmal pro Woche gehe ich schwimmen.
Tome tres veces al día una de estas pastillas.
Nehmen Sie dreimal am Tag eine von diesen Tabletten.

2 Die Präposition *con*

Con bedeutet sowohl „zusammen mit" als auch „mit" in übertragenen Bedeutungen. (► Nr. 22.3)

Viajaré con mis amigos.
Ich werde mit meinen Freunden reisen.
Lo he hecho con bastante dificultad.
Ich habe es unter ziemlich großen Schwierigkeiten gemacht.

3 Die Präposition *de*

De bezeichnet den Anfang eines Zeitraums und den Anfangspunkt einer Bewegung.

Trabajo de 8 a 12 y de 2 a 6.	Ich arbeite von 8 bis 12 und von 2 bis 6.
Fuimos de Madrid a Toledo.	Wir sind von Madrid nach Toledo gefahren.

De steht zwischen Nomen bzw. nach substantivischen Mengenangaben.

un kilo de azúcar	ein Kilo Zucker
una taza de café	eine Tasse Kaffee

| un poco de leche | ein wenig Milch |
| un millón de habitantes | eine Million Einwohner |

De dient bei fast allen Nomen zum Anschluss eines Infinitivs, der ja wie ein Nomen Objekt sein kann.

la alegría de vivir	die Freude am Leben / Lebensfreude
ganas de ir al cine	Lust, ins Kino zu gehen
la posibilidad de aprender algo nuevo	die Möglichkeit, etwas Neues zu lernen

De dient zur näheren Bestimmung von Charakteristika.
(Hier und bei einem Teil der vorangehenden Beispiele würde im Deutschen ein zusammengesetztes Nomen stehen: Spanischkurs, Silbermünze).

| un curso de español | ein Spanischkurs |
| una moneda de plata | eine Silbermünze |

De dient zur Angabe der Tageszeit im Anschluss an die Uhrzeit.
(Bei Angaben ohne Uhrzeit: **por la mañana** – morgens ► NR. 60.10.)

| a las diez de la mañana | um zehn Uhr morgens |
| a las diez de la noche | um zehn Uhr abends |

4 | Die Präposition *desde*

Desde (seit) gibt einen zeitlichen bzw. einen örtlichen Ausgangspunkt an.

| Estamos aquí desde las 5. | Wir sind seit 5 (Uhr) hier. |
| Desde aquí se ve muy bien. | Von hier sieht man sehr gut. |

5 | Die Präposition *en*

En (in) ist die Präposition zur Angabe des Ortes.

| Estamos en Madrid. | Wir sind in Madrid. |

En + Zeitraum bezeichnet entweder die Entfernung eines Zeitpunkts oder die Dauer des Zeitraums.

| Nos veremos en tres semanas. | Wir sehen uns in drei Wochen. |
| Lo puedo hacer en dos días. | Ich kann es in zwei Tagen machen. |

En steht bei Jahresangaben. (Andere Zeitangaben stehen ohne Präposition: **esta semana, este año** – diese Woche, dieses Jahr.)

> **en el año 2.000, en 1999**   im Jahr 2000, 1999

6   Die Präposition *entre*

Entre (zwischen) wird zeitlich und örtlich gebraucht.

> **entre las 10 y las 12**   zwischen 10 und 12
> **entre la puerta y la ventana**   zwischen der Tür und dem Fenster

Auf Gruppen von Personen bezogen entspricht **entre** dem deutschen „unter".

> **Vi muchas personas conocidas entre la gente.**
> Ich habe viele bekannte Personen unter den Leuten gesehen.

7   Die Präposition *hacia*

Hacia in lokaler Bedeutung: „in Richtung auf".

> **Íbamos hacia la Sierra.**   Wir fuhren in Richtung Sierra.

In Verbindung mit einer Uhrzeit bedeutet **hacia** „gegen" im Sinne von „ungefähr um".

> **Nos podemos ver hacia las diez de la mañana.**
> Wir können uns gegen zehn Uhr morgens sehen.

8   Die Präposition *hasta*

Hasta (bis) bezeichnet sowohl zeitlich als auch örtlich einen Endpunkt. (Als Adverb bedeutet **hasta** „sogar", also etwa „bis hin zu". **Vino hasta Cristina.** – Sogar Christina kam.)

> **hasta las 10**   bis zehn
> **hasta Madrid**   bis (nach) Madrid

9   Die Präposition *para*

Para (für) gibt das Ziel, den Empfänger an. (Por ti ► NR. 60.10)

> **una carta para ti**   ein Brief für dich
> **un cuadro para el salón**   ein Bild für das Wohnzimmer

una comida para ocho personas   ein Essen für acht Personen
Este jersey lo hago para ti.   Diesen Pullover mache ich für dich.
(= un jersey para ti)   (= ein Pullover für dich)

Para + Infinitiv gibt die Absicht, den Zweck an, die mit der Handlung verbunden sind.

Hago deporte para estar en forma.   Ich mache Sport, um in Form zu sein.

10 | Die Präposition *por*

Por dient zur Angabe eines Grundes.

- ¿Por qué haces eso?   – Porque me gusta.
  Warum machst du das?   Weil es mir gefällt.

Auch der innere Beweggrund – deinetwegen – wird mit **por** angegeben. Da hier kein „Empfänger" vorliegt, darf nicht **para** verwendet werden. (► NR. 60.9)

Me quedo por ti, si no, me iría de vacaciones.
Ich bleibe deinetwegen – ansonsten würde ich in Urlaub fahren.

Die Tageszeiten werden mit **por** angegeben. (Nicht jedoch nach Angabe einer Uhrzeit: a las diez de la mañana – um zehn Uhr morgens ► NR. 60.1.)

por la mañana   morgens

Unpräzise, ungefähre Ortsangaben werden mit **por** gemacht.

¿Hay un banco por aquí?   Gibt es hier in der Nähe eine Bank?

Por wird verwendet bei Kombinationen von Ort + Bewegung. Die Bewegung kann dabei innerhalb des angegebenen Raums stattfinden oder nur einen angegebenen Punkt berühren.

¿Vamos a dar un paseo por el bosque?
Machen wir einen Spaziergang durch den Wald?
Vamos a pasar por Bilbao.
Wir werden an Bilbao vorbeifahren.

Por dient zur Angabe des Kaufpreises und des Tausches. Da im Deutschen in diesen Fällen „für" steht, liegt eine Verwechslung mit **para** nahe, aber: **para** geht in eine Richtung (Einbahnstraße vom Sender/Geber zum Empfänger); der mit por angegebene Austausch ist gegenseitig (du schreibst mir, ich danke dir dafür).

> **La mesa la compré por mil euros en Francia.**
> Den Tisch habe ich für tausend Euro in Frankreich gekauft.
> **Quiero cambiar este vestido por otro.**
> Ich möchte dieses Kleid gegen ein anderes tauschen.
> **Gracias por tu carta.**
> Danke für deinen Brief.

11 Die Präposition *sin*

Sin entspricht exakt dem deutschen „ohne".

> **Salí de casa sin dinero.** Ich bin ohne Geld aus dem Haus gegangen.

Sin kann als Negation vor dem Verb stehen. Nach dem Verb können dann negative (und nicht positive) unbestimmte Pronomen stehen. (► NR. 58.2)

> **Se fue sin decir nada.** Er/Sie ging, ohne etwas zu sagen.

12 Die Präposition *sobre*

Sobre (über) dient zur Angabe eines Themas.

> **una conferencia sobre Lorca** ein Vortrag über Lorca

Sobre dient zu Ortsangaben.

> **Sobre el sofá hay un cuadro.** Über dem Sofa ist / hängt ein Bild.

Sobre dient zu ungefähren Angaben einer Uhrzeit.

> **Llegaremos sobre las cinco.** Wir werden gegen fünf ankommen.

61 Adverbiale und andere Ergänzungen statt Präposition

1 „Seit" und „vor"

desde:	seit + Zeitpunkt	**Estamos aquí desde el año pasado.**
		Wir sind seit letztem Jahr hier.
hace:	vor + Zeitraum	**Llegamos aquí hace un año.**
		Wir sind vor einem Jahr hier angekommen.
desde hace:	seit + Zeitraum	**Vivimos aquí desde hace un año.**
		Wir leben seit einem Jahr hier.

Desde ist eine (unveränderliche) Präposition, aber **hace** ist eine Verbform: „das macht jetzt soundsoviel Zeit". So erklärt sich, dass diese Form in der Zeitenfolge verändert werden muss:

> Habíamos llegado allí hacía un año.
> Wir waren dort vor einem Jahr angekommen.
> Vivíamos allí desde hacía un año.
> Wir lebten dort seit einem Jahr.

<table>
<tr><td>2</td><td>„Zusammengesetzte Präpositionen"</td></tr>
</table>

Wir stellen hier einige Ergänzungen zusammen, die streng genommen „adverbiale Ergänzungen" sind, nämlich eine Verbindung Adverb + Präposition **de**. Da die deutschen Entsprechungen jedoch durchweg Präpositionen sind, werden wir sie der Einfachheit halber „zusammengesetzte Präpositionen" nennen.

Zu zeitlichen Angaben dienen **antes de, después de, dentro de** (vor, nach, in), wobei **dentro de** nicht als „innerhalb von" missverstanden werden darf. Es wird zur Angabe von Terminen und Fristen verwendet, also: in/binnen drei Wochen, nach Ablauf von drei Wochen.

> **antes de la comida**   **antes de comer**
> └── vor dem Essen ──┘
>
> **después de la comida**   **después de comer**
> └── nach dem Essen ──┘
>
> **dentro de tres semanas**   in drei Wochen

Einige weitere Kombinationen aus Adverb + **de** dienen der Angabe des Ortes.

cerca de mi casa	in der Nähe meines Hauses / meiner Wohnung
delante del hotel	vor dem Hotel
detrás del teatro	hinter dem Theater
debajo de la mesa	unter dem Tisch
encima de la mesa	auf dem Tisch
enfrente de la iglesia	gegenüber von der Kirche
fuera de la ciudad	außerhalb der Stadt
al lado de Correos	neben der Post

62 Präpositionen in adverbialen Ergänzungen

Dies sind nur wenige Beispiele für eine Vielzahl von adverbialen Ergänzungen (des Orts, der Zeit, der Art und Weise usw.), die sich aus Präposition + Nomen zusammensetzen. Hier gibt es für die Verwendung der einen oder anderen Präposition keine Begründung. Schlagen Sie im Zweifelsfall immer in einem Lexikon nach.

a mediodía	mittags
al principio	am Anfang
de esta manera	so / auf diese Art und Weise
por una parte ..., por otra ...	einerseits ..., andererseits

Die Konjunktion

63 Grundsätzliches

Konjunktionen *(conjunciones)* verbinden Satzteile oder Sätze. Sie stellen sie meist entweder nebeneinander auf die gleiche Stufe, oder aber der Nebensatz wird dem Hauptsatz untergeordnet.

Nebenordnende Konjunktionen – wie y und o, pues, pero (und, oder, dann, aber) – sind im Wesentlichen problemloser Wortschatz. Interessant ist dagegen das Feld der unterordnenden Konjunktionen, bei denen es wichtig ist zu wissen, welche Verbformen ihnen folgen können: Indikativ oder *subjuntivo* bzw. beides mit unterschiedlicher Bedeutung.

64 Die Konjunktionen *y* und *o*

Y (und) wird vor Wörtern, die mit i- (oder hi-) beginnen, zu e.

Juan y Pedro	Juan und Pedro
María e Inés	María und Inés

O (oder) wird vor Wörtern, die mit o- (oder ho-) beginnen, zu u.

seis o siete	sechs oder sieben
siete u ocho	sieben oder acht

65 Konjunktionen mit Indikativ

1. cuándo

Cuándo (wann) ist streng genommen ein „Interrogativadverb", es leitet aber – wie das folgende si – einen Nebensatz ein: einen indirekten Fragesatz. Der direkte Fragesatz lautet: ¿Cuándo vienes? – Wann kommst du?
Es steht hier als Beispiel für die Verwendung auch anderer Fragewörter im Nebensatz: qué, cómo usw. Sie tragen immer einen Akzent.

> **Dime cuándo vienes.**
> Sag mir, wann du kommst.

2. si

Si (ob) leitet indirekte Fragesätze ein, wenn kein Fragewort vorhanden ist.

> **¿Puedes venir mañana?**
> Kannst du morgen kommen?
> **Dime si puedes venir mañana.**
> Sag mir, ob du morgen kommen kannst.

Dieses fragende si kann auch mit *condicional* verwendet werden (was mit si = „wenn" unmöglich ist ► NR. 50).

> **Me preguntó si podría ayudarle.**
> Er/sie fragte mich, ob ich ihm/ihr helfen könne.

3. como/porque

Der Kausalsatz – zur Angabe eines Grundes – kann mit como oder porque (da, weil) eingeleitet werden:

Beginnt der Satz mit dem Kausalsatz, steht como.

> **Como mañana es fiesta, estará cerrado todo.**
> Da morgen Feiertag ist, wird alles geschlossen sein.

Steht der Kausalsatz nach dem Hauptsatz, steht porque.

> **Hoy está casi todo cerrado porque es fiesta.**
> Heute ist fast alles geschlossen, weil Feiertag ist.

66 Konjunktionen mit subjuntivo

1. antes de que

Antes de que (bevor) + *presente de subjuntivo*: Die Handlung des Nebensatzes liegt in der Zukunft.

> Te llamo antes de que salgas de vacaciones.
> Ich rufe dich an, bevor du in Urlaub fährst.

Antes de que + *imperfecto de subjuntivo*: Beide Handlungen liegen in der Vergangenheit. (Diese Struktur fällt aus dem Rahmen, weil ja nur von abgeschlossenen Tatsachen und nicht von Absichten, Bedingungen usw. die Rede ist.)

> Me llamaron antes de que volviera mi jefe.
> Sie riefen bei mir an, bevor mein Chef zurück war.

2. para que

Para que (damit) + *presente de subjuntivo*: Die Handlung des Nebensatzes drückt die Absicht aus, mit der die Handlung des Hauptsatzes ausgeführt wird.

> Le aumentaremos el sueldo para que siga trabajando con nosotros.
> Wir werden sein/ihr Gehalt erhöhen, damit er/sie weiterhin bei uns arbeitet.

Para que (damit) + *imperfecto de subjuntivo*: Die Handlung des Nebensatzes drückt die Absicht aus, mit der die Handlung des Hauptsatzes ausgeführt wurde. Dabei liegt die Handlung des Nebensatzes nicht in der Gegenwart/Zukunft, sondern in der Vergangenheit.

> Me ofrecieron más sueldo para que siguiera trabajando con ellos.
> Sie boten mir mehr Gehalt an, damit ich weiter bei ihnen arbeiten würde.

3. como si

Como si (so, als ob …) steht immer mit *imperfecto* oder *pluscuamperfecto de subjuntivo*. Deshalb ist die Zeit des Nebensatzes unabhängig davon, in welcher Zeit der Hauptsatz steht.

> Hace como si no entendiera nada.
> Er/Sie tut so, als ob er/sie nichts verstehen würde.

Hace como si no hubiese entendido nada.

Er/Sie tut so, als ob er/sie nichts verstanden hätte.

Hacía como si no entendiera / hubiese entendido nada.

Er/Sie tat so, als ob er/sie nichts verstünde / verstanden hätte.

4. sin que

Die Zeit des *subjuntivo* nach **sin que** (ohne dass) richtet sich nach den zeitlichen Zusammenhängen: Gegenwart/Zukunft oder Vergangenheit.

Enrique no hace nada sin que se lo digas.

Enrique macht nichts, ohne dass du es ihm sagst.

Enrique no hacía nada sin que se lo dijeran.

Enrique machte nichts, ohne dass man es ihm gesagt hätte.

67 Konjunktionen mit Indikativ oder subjuntivo

1. que

Die Verwendung von Indikativ oder *subjuntivo* hängt nicht von der Konjunktion ab, sondern von dem vorangehenden Verb bzw. „Auslöser". (► NR. 45.2)

Creo que vienen.	Ich glaube, dass sie kommen.
Espero que vengan.	Ich hoffe, dass sie kommen.

2. cuando

Cuando + Indikativ (wenn) bezeichnet sich wiederholende Vorgänge.

Cuando llueve no salgo de paseo.

(Immer) wenn es regnet, gehe ich nicht spazieren.

Cuando + *presente de subjuntivo* (wenn, sobald): Die Handlung liegt in der Zukunft.

Cuando llegues, llámame un momento.

Sobald du ankommst, ruf mich kurz an.

Cuando + *indefinido* (als, wenn) entspricht dem deutschen „als" (einmalige Handlung in der Vergangenheit).

Cuando volvimos a casa empezó a nevar.

Als wir nach Hause kamen, fing es zu schneien an.

3. si

Si (wenn, falls) + *presente de indicativo*: Dem Sprecher scheint es durchaus möglich.

> **Si empieza a llover, ven a buscarme en coche.**
> Wenn (falls) es anfängt zu regnen, hol mich mit dem Auto ab.

Si + *imperfecto de subjuntivo*: Dem Sprecher scheint es unwahrscheinlich.

> **Si empezara a llover, ven a buscarme en coche.**
> Sollte es anfangen zu regnen, hol mich mit dem Auto ab.

(*condicional* und *subjuntivo* in Bedingungssätzen ► Nr. 50)

> **Si trabajaras más, podrías ganar más.**
> Wenn du mehr arbeiten würdest, könntest du mehr verdienen.

Die Wortstellung im Satz

68 Grundsätzliches

Einzelne Fragen der Wortstellung sind bereits in anderen Kapiteln eingehender behandelt worden:

Die Stellung der Negation (**no quiero** – ich will nicht) ► Nr. 58.
Die Stellung des Objektpronomens (**lo hago, hacerlo, hazlo, no lo hagas** – ich mache es, es machen, mach es, mach es nicht) ► Nr. 22.4.
Die Stellung des Possessivpronomens (**un amigo mío** – ein Freund von mir) ► Nr. 23.
Die Stellung des Adjektivs ► Nr. 15.
Die Stellung der Objekte ► Nr. 55.

69 Der Aussagesatz

> **Juan vendrá a las nueve.** Juan wird um neun kommen.

Die üblichste Wortstellung im Aussagesatz ist:

Subjekt (Prädikat) Ergänzungen .

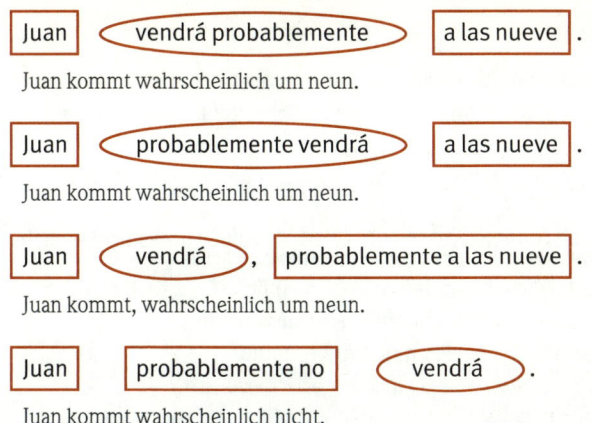

Juan kommt wahrscheinlich um neun.

Juan kommt wahrscheinlich um neun.

Juan kommt, wahrscheinlich um neun.

Juan kommt wahrscheinlich nicht.

Die Beispiele zeigen, dass das Adverb sich verschieben kann, je nachdem, welchen Teil der Aussage es modifizieren soll:

das Verb:	vendrá probablemente / probablemente vendrá,
die Zeitangabe:	probablemente a las nueve,
die Negation:	probablemente no.

Sollen bestimmte Elemente der Aussage betonend hervorgehoben werden, so sind weitere Satzstellungen möglich.

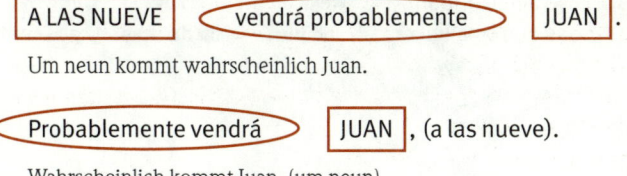

Um neun kommt wahrscheinlich Juan.

Wahrscheinlich kommt Juan, (um neun).

Sehr allgemein können wir über die Satzstellung im Aussagesatz sagen: Es gibt mehr Möglichkeiten der Satzstellung als im Deutschen. Für eine (auch stimmliche) Betonung eignet sich besonders der Anfang und das Ende des Satzes.

70 Der Fragesatz

Der Fragesatz behält die Normalstellung des Aussagesatzes bei. Dabei kann die eigentliche Frage – in der Intonation sowie im Schriftbild – auch erst nach dem Subjekt beginnen.
Ebenso möglich ist die Inversion (Umstellung von Subjekt und Prädikat).

> **¿Tu hermana va a llevar de paseo a los niños?**
> Deine Schwester wird mit den Kindern spazieren gehen?
> **Tu hermana, ¿va a llevar de paseo a los niños?**
> Deine Schwester – wird sie mit den Kindern spazieren gehen?
> **¿Va a llevar de paseo a los niños tu hermana?**
> Wird deine Schwester mit den Kindern spazieren gehen?

Bei Fragen mit Fragewort steht das Subjekt nach dem Verb, oder es wird an den Beginn des Satzes gestellt. In diesem Fall kann es innerhalb oder außerhalb der Fragezeichen stehen.

> **¿Qué vas a hacer tú?**   Was wirst du machen?
> **Tú, ¿qué vas a hacer?**   Du, was wirst du machen?
> **¿Y tú, qué vas a hacer?**   Und du – was wirst du machen?

Auch in der indirekten Frage mit Fragewort besteht grundsätzlich die Möglichkeit, das Subjekt ans Satzende oder an den Satzanfang zu stellen.

> **¿Sabes qué va a hacer Juan?**   Weißt du, was Juan machen wird?
> **Y Juan, ¿sabes qué va a hacer?**   Und Juan – weißt du, was er machen wird?

1 Laut und Schrift

1 Das spanische Alphabet

a	a	h	hache	ñ	eñe	u	u
b	be	i	i	o	o	v	uve
c	ce	j	jota	p	pe	w	uve doble
ch	che /ce hache	k	ka	q	cu	x	equis
d	de	l	ele	r	erre	y	i griega
e	e	ll	elle	rr	erre doble	z	zeta
f	efe	m	eme	s	ese		
g	ge	n	ene	t	te		

2 Die Aussprache der Konsonanten

b	Barcelona	im Anlaut und nach m und n wie deutsches b in „Baum"
	tabaco	zwischen Vokalen als weicher Reibelaut, fast wie w
c	ca, co, cu	vor dunklen (offenen) Vokalen wie k
	ce, ci	vor hellen (geschlossenen) Vokalen etwa wie stimmloses engl. th
ch	chocolate	wie tsch in „Tscheche", aber als einziger kurzer Laut
d	dormir	im Anlaut wie deutsches d
	nada	zwischen Vokalen weicher Reibelaut, etwa wie stimmhaftes engl. th
f	fuego	wie deutsches f
g	ga, go, gu	vor dunklen Vokalen wie g
	ge, gi	vor hellen Vokalen wie ch in „ach", aber „energischer"
h	hola	wird nicht gesprochen
j	jota	wie ch (wie g vor e und i)
k	kilómetro	wie k (ohne nachfolgenden Hauchlaut)
l	leche	wie l
ll	llamar	etwa wie j in „Jade"
m	mío	wie m
n	nada	wie n
ñ	español	wie nj, aber als einziger kurzer Laut
p	para	wie p (ohne nachfolgenden Hauchlaut)
q	qué, quién	wie k (steht nur vor hellen Vokalen)

r	radio	im Anlaut stark gerollt: Zungen-rr
		zwischen Vokalen: Zungen-r
rr	correr	stark gerollt: Zungen-rr
s	casa	stimmlos wie ss in „muss"
t	tabaco	wie t (ohne nachfolgenden Hauchlaut)
v	ver	siehe unter b
	televisión	
w	Washington	wie b (nur in Fremdwörtern)
x	exposición	vor p, t, ca, co, cu wie ks
	examen	zwischen Vokalen wie gs oder s
y	y, Uruguay	in Diphthongen wie i
	ya	im Anlaut wie j
z	za, zo, zu	etwa wie englisches th (fast nur vor dunklen Vokalen)

2 Silben und Betonung

tomo	ich nehme	Wörter, die auf Vokal, -n oder -s enden, werden auf
tomas	du nimmst	der vorletzten Silbe betont.
toman	sie nehmen	

general	allgemein	Wörter, die auf Konsonant (außer -n und -s) enden,
reloj	Uhr	werden auf der letzten Silbe betont. Für die Beto-
Paraguay	Paraguay	nung gilt -y als Konsonant (oder „Halbkonsonant").

tomé	ich nahm	In allen anderen Fällen wird die Betonung durch
tomarás	du wirst nehmen	Akzent angegeben, also:
vendrán	sie werden	Endung auf Vokal, -n oder -s, aber letzte Silbe
	verkaufen	betont, Endung auf Konsonant, aber vorletzte
Cádiz	Cadiz	Silbe betont, Betonung auf der drittletzten Silbe.
América	Amerika	

fa-mi-lia	Familie	Die Vokale i und u bilden mit einem weiteren Vokal
Ma-rí-a	Maria	einen Diphthong, d.h. eine einsilbige Verbindung.
cau-sa	Grund	Wenn zwei Silben gesprochen werden sollen, muss
a-ún	schon/nach	Akzent stehen.

dé	geben Sie	Einige einsilbige Wörter tragen Akzent, um sie
sé	ich weiß	besser von gleichlautenden Wörtern mit anderer
mí	mir, mich	Bedeutung zu unterscheiden.
sí	ja, sich	

¿qué?	was?	Alle Fragewörter tragen – in der direkten und auch in der
¿cuándo?	wann?	indirekten Frage – einen Akzent.
etc.		

3 Grundregeln der Orthographie

Die Wiedergabe gesprochener Laute ist im Spanischen fast zu 100 Prozent aus den Regeln für die Aussprache abzuleiten. Hier nur eine Übersicht über wechselnde Schreibung für den gleichen Laut und über die wenigen Fälle, in denen die Aussprache nicht mit völliger Sicherheit die Schreibung festlegt.

Laut	Schreibung
k-Laut	ca, co, cu – que, qui (nur in wenigen entlehnten Wörtern:) kilómetro (Kilometer)
g-Laut	ga, go, gu – gue, gui
th-Laut	za, zo, zu – ce, ci
–	Zweifel: mit oder ohne h? arena, harina (Sand, Mehl)
b-Laut	Zweifel: b oder v? Barcelona, Valencia
w-Laut	Zweifel: b oder v? tabaco, cava (Tabak, (spanischer) Sekt)

Einziger Doppelkonsonant des Spanischen ist rr. (LL gilt als eigener Konsonant.)

Da die Schreibung der Aussprache zu folgen hat und nicht umgekehrt, ergeben sich bei einzelnen Wörtern bei verschiedenen Endungen unterschiedliche Schreibungen:

rico	riquísimo
reich	ausgesprochen reich, superreich

comienzo	comience
ich beginne	1. und 3. Person Singular des *presente de subjuntivo* von comenzar (beginnen)

aparco	aparque
ich parke	1. und 3. Person Singular des *presente de subjuntivo* von aparcar (parken)

llego	llegue
ich komme an	1. und 3. Person Singular des *presente de subjuntivo* von llegar (ankommen)

proteger	protejo, proteja
(be)schützen	ich beschütze, 1. und 3. Person Singular des *presente de subjuntivo* von **proteger**

leer	**leyó, leyendo** (i wird zwischen 2 Vokalen zu y)
lesen	er/sie/es las / hat gelesen, Gerundium von **leer**

4 Zum Erkennen von Wortbildungen

Das Spanische kennt zwar nicht die Bildung zusammengesetzter Nomen
(► Nr. 60.3), aber es gibt eine Reihe anderer Möglichkeiten, mit Präfixen
und Suffixen (Vorsilben und angehängten Endungen) aus einem Stamm
neue Wörter zu bilden.

Als Nicht-Muttersprachler sollte man solche Wortbildungen nicht selbst
versuchen, aber wenn man einige der vorhandenen Möglichkeiten kennt,
kann einem das gelegentlich das Verstehen erleichtern.

1. Möglichkeiten zur Bildung abgeleiteter Verben

a...-ar	corto	acortar	kurz – verkürzen, kürzer machen
	largo	alargar	lang – verlängern, länger machen
en-	sucio	ensuciar	schmutzig – verschmutzen, schmutzig machen
pre-	ver	prever	sehen – voraussehen, vorhersehen
-ecer	oscuro	oscurecer	dunkel – dunkel werden
-l-izar	actual	actualizar	aktuell – aktualisieren
	canal	canalizar	Kanal – kanalisieren
	tranquilo	tranquilizar	ruhig – beruhigen

2. Möglichkeiten zur Bildung von Nomen

-ación	admirar	admiración	bewundern – Bewunderung
-ante	comercio	comerciante	Handel, Gewerbe – Händler/in, Geschäftsmann, Geschäftsfrau
	dibujar	dibujante	zeichnen – Zeichner/in
-aría, -ería	comisario	comisaría	Kommissar – Polizeiwache
	panadero	panadería	Bäcker – Bäckerei
-ción	proteger	protección	schützen – Schutz
-dad	útil	utilidad	nützlich – Nutzen, Nutzbarkeit

| **-ismo** | nacional | nacionalismo | national – Nationalismus |
| **-miento** | aparcar | aparcamiento | parken – Parkplatz |

3. Möglichkeiten zur Bildung von Adjektiven/Nomen

-ario	partido	partidario	Partei – zugehörig, Mitglied
-dor	organizar	organizador	organisieren – organisatorisch, Organisator
	trabajar	trabajador	arbeiten – fleißig, Arbeiter
-ero	pan	panadero	Brot – Bäcker
	aventura	aventurero	Abenteuer – abenteuerlich, Abenteurer
-iero	finanzas	financiero	Finanzen – finanziell, Finanzexperte
-ista	guitarra	guitarrista	Gitarre – Gitarrist/in
	fútbol	futbolista	Fußball – Fußballspieler/in

4. Möglichkeiten zur Bildung von Diminutiva

-ito, -ita	piso	pisito	Wohnung – kleine Wohnung
	pequeño	pequeñito	klein – klein
	casa	casita	Haus – Häuschen
-illo, -illa	plato	platillo	Teller – Tellerchen, Untertasse
	rueda	ruedecilla*	Rad – Rädchen

Solche Verkleinerungsformen bezeichnen oft nicht Verkleinerung, sondern Verniedlichung, Sympathie, aber auch gelegentlich Geringschätzung. Um die gewünschte Wirkung herauszuhören, müssen Sie also auch auf Intonation und Betonung achten.

* Bei einigen Nomen wird noch ein -c- eingeschoben.

Nicht nur von Nomen, sondern auch von Adjektiven werden Diminutiva gebildet: **pequeñito** (klein), in Hispanoamerika auch von Adverbien: **ahora, ahorita** (jetzt, jetzt); **hasta luego, hasta lueguito** (bis dann, bis dann).

5. Möglichkeiten zur Bildung von Adjektiven

i-, im-, in-, ir-	legal	ilegal	legal – illegal
	posible	imposible	möglich – unmöglich
	correcto	incorrecto	korrekt – inkorrekt
	responsable	irresponsable	verantwortlich – unverantwortlich

-able, -ible	recomendar	recomendable	empfehlen – empfehlenswert
	comer	comestible	essen – essbar
-al, -il	ocasión	ocasional	Gelegenheit – gelegentlich
	estudiante	estudiantil	Student/Studentin – studentisch
-ático	sistema	sistemático	System – systematisch
-ante, -ente, -iente	acompañar	acompañante	begleiten – begleitend
	exigir	exigente	fordern – fordernd, anspruchsvoll, anstrengend
	sonreír	sonriente	lächelnd – lächelnd, strahlend, fröhlich
-oso	lujo	lujoso	Luxus – luxuriös

6. Bildung des absoluten Superlativs (► NR. 16.4)

-ísimo, -ísima	caro	carísimo	teuer – sehr, sehr teuer, superteuer
	rico	riquísimo	reich – sehr, sehr reich, superreich

7. Bildung von Adverbien (► NR. 17)

-mente	especial	especialmente	besonders – besonders

8. Möglichkeiten zur Bildung verschiedener Wortarten

co-, con-	existir	coexistencia	existieren – Koexistenz
	firmar	confirmar	stärken, unterschreiben – bestätigen
	organizar	desorganizado	organisieren – unorganisiert
des-	conocido	desconocido	bekannt, Bekannter – unbekannt, Unbekannter
	orden	desorden	Ordnung – Unordnung

5 Das Spanische in Spanien und Lateinamerika

Mit der ersten Fahrt von Columbus 1492 kamen die ersten Träger der spanischen Sprache nach Amerika, und mit der Beherrschung von Mexiko, Mittelamerika und einem großen Teil Südamerikas (wichtigste Ausnahme: Brasilien mit der Landessprache Portugiesisch) wurde das Spanische (**el castellano**) die offizielle Sprache des spanischen Kolonialreichs und nach der Erringung der Unabhängigkeit im 19. Jahrhundert die Landessprache der neuen Länder.

Im Vergleich zum Spanischen der Iberischen Halbinsel sind die lateinamerika-
nischen Varianten vor allem durch die folgenden Merkmale bestimmt:

- unterschiedliche Verwendung der Zeiten der Vergangenheit,
- Unterschiede im Gebrauch der Personen und der entsprechenden Pronomen,
- Aussprache: **seseo**, (regional auch in Spanien vorkommend)
- Wortschatz.

1. Die Zeiten der Vergangenheit

Das Perfekt, das in Spanien vom *indefinido* deutlich unterschieden wird, wird in
Lateinamerika praktisch nicht verwendet.

Spanien | **Se lo ha dicho esta mañana.**
Lateinamerika | **Se lo dijo esta mañana.**
| Er/Sie hat es ihm/ihr heute Morgen gesagt.

2. Der Gebrauch der Personen und Verbformen

Die ihr-Form wird generell in Lateinamerika nicht verwendet. An ihre Stelle tritt
ustedes mit der entsprechenden Verbform.

Spanien | **¿Tú qué quieres?** | **¿Vosotros qué queréis?**
Lateinamerika | **¿Tú qué quieres?** | **¿Ustedes qué quieren?**
| Was willst du? | Was wollt ihr?

In verschiedenen Regionen des Kontinents wird **tú** durch **vos** ersetzt – eine alte
spanische Form –, teilweise wird auch, wie z.B. in Argentinien, die Verbform
verändert: **querés** (aus **queréis**) statt **quieres**.

Spanien | **¿Tú qué quieres?**
Lateinamerika | **¿Vos que quieres/querés?**
| Was willst du?

3. Aussprache: **seseo**

Das spanische **ceceo** – Aussprache [θ] wie englisch th –, das auch im südlichen
Teil der Halbinsel und auf den Kanarischen Inseln nicht existiert, wird durch
seseo ersetzt: Aussprache immer [s].

Spanien | **cocer** [θ], **coser** [s] | kochen, nähen
Lateinamerika | **cocer** [s], **guisar**, **coser** [s] | kochen, kochen/schmoren, nähen

4. Wortschatz

Es gibt vielfältige Unterschiede in bestimmten Wortschatzbereichen von Region zu Region. Dabei sind nationale Grenzen weniger wichtig. Es wurden zum Teil indianische Wörter übernommen, und zwar weit mehr als im Spanischen Spaniens (Wörter, die auch in die anderen europäischen Sprachen Eingang gefunden haben: **el tomate, el cacao, el chocolate** (die Tomate, der Kakao, die Schokolade) usw.

6 Die Konjugation der spanischen Verben

1 Die regelmäßigen Verben

Infinitiv		
tom**ar** – nehmen	com**er** – essen	viv**ir** – leben
Partizip		
tom**ado**	com**ido**	viv**ido**
Gerundio		
tom**ando**	com**iendo**	viv**iendo**
Präsens		
tomo	como	vivo
tomas	comes	vives
toma	come	vive
tomamos	comemos	vivimos
tomáis	coméis	vivís
toman	comen	viven
Presente de subjuntivo		
tome	coma	viva
tomes	comas	vivas
tome	coma	viva
tomemos	comamos	vivamos
toméis	comáis	viváis
tomen	coman	vivan

Imperfekt

tomaba	comía	vivía
tomabas	comías	vivías
tomaba	comía	vivía
tomábamos	comíamos	vivíamos
tomabais	comíais	vivíais
tomaban	comían	vivían

Plusquamperfekt

había tomado	había comido	había vivido
habías tomado	habías comido	habías vivido
había tomado	había comido	había vivido
habíamos tomado	habíamos comido	habíamos vivido
habíais tomado	habíais comido	habíais vivido
habían tomado	habían comido	habían vivido

Indefinido

tomé	comí	viví
tomaste	comiste	viviste
tomó	comió	vivió
tomamos	comimos	vivimos
tomasteis	comisteis	vivisteis
tomaron	comieron	vivieron

Perfekt

he tomado	he comido	he vivido
has tomado	has comido	has vivido
ha tomado	ha comido	ha vivido
hemos tomado	hemos comido	hemos vivido
habéis tomado	habéis comido	habéis vivido
han tomado	han comido	han vivido

Perfecto de subjuntivo

haya tomado	haya comido	haya vivido
hayas tomado	hayas comido	hayas vivido
haya tomado	haya comido	haya vivido
hayamos tomado	hayamos comido	hayamos vivido
hayáis tomado	hayáis comido	hayáis vivido
hayan tomado	hayan comido	hayan vivido

Futur I

tomaré	comeré	viviré
tomarás	comerás	vivirás
tomará	comerá	vivirá
tomaremos	comeremos	viviremos
tomaréis	comeréis	viviréis
tomarán	comerán	vivirán

Condicional simple

tomaría	comería	viviría
tomarías	comerías	vivirías
tomaría	comería	viviría
tomaríamos	comeríamos	viviríamos
tomaríais	comeríais	viviríais
tomarían	comerían	vivirían

Futur II

habré tomado	habré comido	habré vivido
habrás tomado	habrás comido	habrás vivido
habrá tomado	habrá comido	habrá vivido
habremos tomado	habremos comido	habremos vivido
habréis tomado	habréis comido	habréis vivido
habrán tomado	habrán comido	habrán vivido

Condicional compuesto

habría tomado	habría comido	habría vivido
habrías tomado	habrías comido	habrías vivido
habría tomado	habría comido	habría vivido
habríamos tomado	habríamos comido	habríamos vivido
habríais tomado	habríais comido	habríais vivido
habrían tomado	habrían comido	habrían vivido

Imperfecto de subjuntivo

tomara	comiera	viviera
tomaras	comieras	vivieras
tomara	comiera	viviera
tomáramos	comiéramos	viviéramos
tomarais	comierais	vivierais
tomaran	comieran	vivieran

Pluscuamperfecto de subjuntivo

hubiera tomado	hubiera comido	hubiera vivido
hubieras tomado	hubieras comido	hubieras vivido
hubiera tomado	hubiera comido	hubiera vivido
hubiéramos tomado	hubiéramos comido	hubiéramos vivido
hubierais tomado	hubierais comido	hubierais vivido
hubieran tomado	hubieran comido	hubieran vivido
hubiese tomado	hubiese comido	hubiese vivido
hubieses tomado	hubieses comido	hubieses vivido
hubiese tomado	hubiese comido	hubiese vivido
hubiésemos tomado	hubiésemos comido	hubiésemos vivido
hubieseis tomado	hubieseis comido	hubieseis vivido
hubiesen tomado	hubiesen comido	hubiesen vivido

Bejahender Imperativ

–	–	–
toma	come	vive
tome (Ud.)	coma (Ud.)	viva (Ud.)
tomemos	comamos	vivamos
tomad	comed	vivid
tomen (Uds.)	coman (Uds.)	vivan (Uds.)

Verneinender Imperativ

–	–	–
no tomes	no comas	no vivas
no tome	no coma	no viva
no tomemos	no comamos	no vivamos
no toméis	no comáis	no viváis
no tomen	no coman	no vivan

2 | Die Gruppenverben

1. Verben mit **-ie-**, Beispiele: **pensar, entender** – denken, verstehen

Präsens	*Presente de subjuntivo*	Bejahender Imperativ
pienso	piense	–
piensas	pienses	piensa
piensa	piense	piense
pensamos	pensemos	pensemos
pensáis	penséis	pensad
piensan	piensen	piensen
entiendo	entienda	–
entiendes	entiendas	entiende
entiende	entienda	entienda
entendemos	entendamos	entendamos
entendéis	entendáis	entended
entienden	entiendan	entiendan

2. Verben mit **-ue-**, Beispiele: **contar, mover** – erzählen, bewegen

Präsens	*Presente de subjuntivo*	Bejahender Imperativ
cuento	cuente	–
cuentas	cuentes	cuenta
cuenta	cuente	cuente
contamos	contemos	contemos
contáis	contéis	contad
cuentan	cuenten	cuenten
muevo	mueva	–
mueves	muevas	mueve
mueve	mueva	mueva
movemos	movamos	movamos
movéis	mováis	moved
mueven	muevan	muevan

3. Verben mit **-zc-**, Beispiel: **conocer** – kennen

Präsens	*Presente de subjuntivo*	Bejahender Imperativ
conozco	conozca	–
conoces	conozcas	conoce
conoce	conozca	conozca
conocemos	conozcamos	conozcamos
conocéis	conozcáis	conoced
conocen	conozcan	conozcan

4. Verben mit **-i-**, Beispiel: **pedir** – bitten

Präsens	*Presente de subjuntivo*	Bejahender Imperativ
pido	pida	–
pides	pidas	pide
pide	pida	pida
pedimos	pidamos	pidamos
pedís	pidáis	pedid
piden	pidan	pidan

Indefinido	*Imperfecto de subjuntivo*	
pedí	pidiera	pidiese
pediste	pidieras	pidieses
pidió	pidiera	pidiese
pedimos	pidiéramos	pidiésemos
pedisteis	pidierais	pidieseis
pidieron	pidieran	pidiesen

5. Verben mit **-ie-** und **-i-**, Beispiel: **sentir** – fühlen

Gerundio: sintiendo

Präsens	*Presente de subjuntivo*	Bejahender Imperativ
siento	sienta	–
sientes	sientas	siente
siente	sienta	sienta
sentimos	sintamos	sintamos
sentís	sintáis	sentid
sienten	sientan	sientan

Indefinido	Imperfecto de subjuntivo	
sentí	sintiera	sintiese
sentiste	sintieras	sintieses
sintió	sintiera	sintiese
sentimos	sintiéramos	sintiésemos
sentisteis	sintierais	sintieseis
sintieron	sintieran	sintiesen

6. Verben mit **-ue-** und **-u-**, Beispiel: dormir – schlafen

Gerundio: durmiendo

Präsens	Presente de subjuntivo	Bejahender Imperativ
duermo	duerma	–
duermes	duermas	duerme
duerme	duerma	duerma
dormimos	durmamos	durmamos
dormís	durmáis	dormid
duermen	duerman	duerman

Indefinido	Imperfecto de subjuntivo	
dormí	durmiera	durmiese
dormiste	durmieras	durmieses
durmió	durmiera	durmiese
dormimos	durmiéramos	durmiésemos
dormisteis	durmierais	durmieseis
durmieron	durmieran	durmiesen

7. Verben mit **-y-**, Beispiel: construir – konstruieren

Gerundio: construyendo

Präsens	Presente de subjuntivo	Bejahender Imperativ
construyo	construya	–
construyes	construyas	construye
construye	construya	construya
construimos	construyamos	construyamos
construís	construyáis	construid
construyen	construyan	construyan

Indefinido	Imperfecto de subjuntivo	
construí	construyera	construyese
construiste	construyeras	construyeses
construyó	construyera	construyese
construimos	construyéramos	construyésemos
construisteis	construyerais	construyeseis
construyeron	construyeran	construyesen

3 | Die unregelmäßigen Verben (alphabetisch)

Wir nennen diejenigen Formen, die jeweils bei dem betreffenden Verb
unregelmäßig sind. Formen, die nicht aufgeführt sind, sind regelmäßig.

caber – passen

Präsens	Presente de subjuntivo	Bejahender Imperativ
quepo	quepa	–
cabes	quepas	–
cabe	quepa	–
cabemos	quepamos	–
cabéis	quepáis	–
caben	quepan	–

Indefinido	Imperfecto de subjuntivo	
cupe	cupiera	cupiese
cupiste	cupieras	cupieses
cupo	cupiera	cupiese
cupimos	cupiéramos	cupiésemos
cupisteis	cupierais	cupieseis
cupieron	cupieran	cupiesen

Futur I	Condicional
cabré	cabría
cabrás	cabrías
cabrá	cabría
cabremos	cabríamos
cabréis	cabríais
cabrán	cabrían

caer (orthographische Veränderung) – fallen

Gerundio: cayendo

Präsens	*Presente de subjuntivo*	Bejahender Imperativ
caigo	caiga	–
caes	caigas	cae
cae	caigas	caiga
caemos	caigamos	caigamos
caéis	caigáis	caed
caen	caigan	caigan

Indefinido	*Imperfecto de subjuntivo*	
caí	cayera	cayese
caiste	cayeras	cayeses
cayó	cayera	cayese
caímos	cayéramos	cayésemos
caísteis	cayerais	cayeseis
cayeron	cayeran	cayesen

conducir – fahren

Präsens	*Presente de subjuntivo*	Bejahender Imperativ
conduzco	conduzca	–
conduces	conduzcas	conduce
conduce	conduzca	conduzca
conducimos	conduzcamos	conduzcamos
conducís	conduzcáis	conducid
conducen	conduzcan	conduzcan

Indefinido	*Imperfecto de subjuntivo*	
conduje	condujera	condujese
condujiste	condujeras	condujeses
condujo	condujera	condujese
condujimos	condujéramos	condujésemos
condujisteis	condujerais	condujeseis
condujeron	condujeran	condujesen

dar – geben

Präsens	*Presente de subjuntivo*	Bejahender Imperativ
doy	dé	–
das	des	da
da	dé	dé
damos	demos	demos
dais	deis	dad
dan	den	den

Indefinido	*Imperfecto de subjuntivo*	
di	diera	diese
diste	dieras	dieses
dio	diera	diese
dimos	diéramos	diésemos
disteis	dierais	dieseis
dieron	dieran	diesen

decir – sagen

Gerundio: diciendo   Partizip: dicho

Präsens	*Presente de subjuntivo*	Bejahender Imperativ
digo	diga	–
dices	digas	di
dice	diga	diga
decimos	digamos	digamos
decís	digáis	decid
dicen	digan	digan

Indefinido	*Imperfecto de subjuntivo*	
dije	dijera	dijese
dijiste	dijeras	dijeses
dijo	dijera	dijese
dijimos	dijéramos	dijésemos
dijisteis	dijerais	dijeseis
dijeron	dijeran	dijesen

Futur I	Condicional
diré	diría
dirás	dirías
dirá	diría
diremos	diríamos
diréis	diríais
dirán	dirían

estar – sein

Präsens	Presente de subjuntivo	Bejahender Imperativ
estoy	esté	–
estás	estés	está
está	esté	esté
estamos	estemos	estemos
estáis	estéis	estad
están	estén	estén

Indefinido	Imperfecto de subjuntivo	
estuve	estuviera	estuviese
estuviste	estuvieras	estuvieses
estuvo	estuviera	estuviese
estuvimos	estuviéramos	estuviésemos
estuvisteis	estuvierais	estuvieseis
estuvieron	estuvieran	estuviesen

hacer – machen

Partizip: hecho

Präsens	Presente de subjuntivo	Bejahender Imperativ
hago	haga	–
haces	hagas	haz
hace	haga	haga
hacemos	hagamos	hagamos
hacéis	hagáis	haced
hacen	hagan	hagan

Indefinido	*Imperfecto de subjuntivo*	
hice	hiciera	hiciese
hiciste	hicieras	hicieses
hizo	hiciera	hiciese
hicimos	hiciéramos	hiciésemos
hicisteis	hicierais	hicieseis
hicieron	hicieran	hiciesen

Futur I	*Condicional*
haré	haría
harás	harías
hará	haría
haremos	haríamos
haréis	haríais
harán	harían

ir (orthographische Veränderung) – gehen

Gerundio: yendo

Präsens	*Presente de subjuntivo*	Bejahender Imperativ
voy	vaya	–
vas	vayas	ve(te)
va	vaya	vaya
vamos	vayamos	vayamos
vais	vayáis	id
van	vayan	vayan

Indefinido	*Imperfecto de subjuntivo*	
fui	fuera	fuese
fuiste	fueras	fueses
fue	fuera	fuese
fuimos	fuéramos	fuésemos
fuisteis	fuerais	fueseis
fueron	fueran	fuesen

oír (orthographische Veränderung) – hören

Gerundio: oyendo

Präsens	*Presente de subjuntivo*	Bejahender Imperativ
oigo	oiga	–
oyes	oigas	oye
oye	oiga	oiga
oímos	oigamos	oigamos
oís	oigáis	oid
oyen	oigan	oigan

Indefinido	*Imperfecto de subjuntivo*	
oyó	oyera	oyese
oyeron		

poder – können

Gerundio: pudiendo
Wie **mover** (Gruppenverben), Imperativ entfällt

Indefinido	*Imperfecto de subjuntivo*	
pude	pudiera	pudiese
pudiste	pudieras	pudieses
pudo	pudiera	pudiese
pudimos	pudiéramos	pudiésemos
pudisteis	pudierais	pudieseis
pudieron	pudieran	pudiesen

Futur I	*Condicional*
podré	podría
podrás	podrías
podrá	podría
podremos	podríamos
podréis	podríais
podrán	podrían

poner – setzen, stellen, legen

Partizip: puesto

Präsens	Presente de subjuntivo	Bejahender Imperativ
pongo	ponga	–
pones	pongas	pon
pone	ponga	ponga
ponemos	pongamos	pongamos
ponéis	pongáis	poned
ponen	pongan	pongan

Indefinido	Imperfecto de subjuntivo	
puse	pusiera	pusiese
pusiste	pusieras	pusieses
puso	pusiera	pusiese
pusimos	pusiéramos	pusiésemos
pusisteis	pusierais	pusieseis
pusieron	pusieran	pusiesen

Futur I	Condicional
pondré	pondría
pondrás	pondrías
pondrá	pondría
pondremos	pondríamos
pondréis	pondríais
pondrán	pondrían

querer – wollen

Wie entender (Gruppenverben)

Indefinido	Imperfecto de subjuntivo	
quise	quisiera	quisiese
quisiste	quisieras	quisieses
quiso	quisiera	quisiese
quisimos	quisiéramos	quisiésemos
quisisteis	quisierais	quisieseis
quisieron	quisieran	quisiesen

Futur I	Condicional
querré	querría
querrás	querrías
querrá	querría
querremos	querríamos
querréis	querríais
querrán	querrían

saber – wissen, können

Präsens	Presente de subjuntivo	Bejahender Imperativ
sé	sepa	–
sabes	sepas	sabe
sabe	sepa	sepa
sabemos	sepamos	sepamos
sabéis	sepáis	sabed
saben	sepan	sepan

Indefinido	Imperfecto de subjuntivo	
supe	supiera	supiese
supiste	supieras	supieses
supo	supiera	supiese
supimos	supiéramos	supiésemos
supisteis	supierais	supieseis
supieron	supieran	supiesen

Futur I	Condicional
sabré	sabría
sabrás	sabrías
sabrá	sabría
sabremos	sabríamos
sabréis	sabríais
sabrán	sabrían

salir – (hinaus-, aus)gehen

Präsens	*Presente de subjuntivo*	Bejahender Imperativ
salgo	salga	–
sales	salgas	sal
sale	salga	salga
salimos	salgamos	salgamos
salís	salgáis	salid
salen	salgan	salgan

Futur I	*Condicional*
saldré	saldría
saldrás	saldrías
saldrá	saldría
saldremos	saldríamos
saldréis	saldríais
saldrán	saldrían

tener – haben

Präsens	*Presente de subjuntivo*	Bejahender Imperativ
tengo	tenga	–
tienes	tengas	ten
tiene	tenga	tenga
tenemos	tengamos	tengamos
tenéis	tengáis	tened
tienen	tengan	tengan

Indefinido	*Imperfecto de subjuntivo*	
tuve	tuviera	tuviese
tuviste	tuvieras	tuvieses
tuvo	tuviera	tuviese
tuvimos	tuviéramos	tuviésemos
tuvisteis	tuvierais	tuvieseis
tuvieron	tuvieran	tuviesen

Futur I	*Condicional*
tendré	tendría
tendrás	tendrías
tendrá	tendría
tendremos	tendríamos
tendréis	tendríais
tendrán	tendrían

traer (orthographische Veränderung) – bringen

Gerundio: trayendo

Präsens	*Presente de subjuntivo*	Bejahender Imperativ
traigo	traiga	–
traes	traigas	trae
trae	traiga	traiga
traemos	traigamos	traigamos
traéis	traigáis	traed
traen	traigan	traigan

Indefinido	*Imperfecto de subjuntivo*	
traje	trajera	trajese
trajiste	trajeras	trajeses
trajo	trajera	trajese
trajimos	trajéramos	trajésemos
trajisteis	trajerais	trajeseis
trajeron	trajeran	trajesen

valer – wert sein

Präsens	*Presente de subjuntivo*	Bejahender Imperativ
valgo	valga	–
vales	valgas	vale
vale	valga	valga
valemos	valgamos	valgamos
valéis	valgáis	valed
valen	valgan	valgan

Futur I	Condicional
valdré	valdría
valdrás	valdrías
valdrá	valdría
valdremos	valdríamos
valdréis	valdríais
valdrán	valdrían

venir – kommen

Gerundio: viniendo

Präsens	Presente de subjuntivo	Bejahender Imperativ
vengo	venga	–
vienes	vengas	ven
viene	venga	venga
venimos	vengamos	vengamos
venís	vengáis	venid
vienen	vengan	vengan

Indefinido	Imperfecto de subjuntivo	
vine	viniera	viniese
viniste	vinieras	vinieses
vino	viniera	viniese
vinimos	viniéramos	viniésemos
vinisteis	vinierais	vinieseis
vinieron	vinieran	viniesen

Futur I	Condicional
vendré	vendría
vendrás	vendrías
vendrá	vendría
vendremos	vendríamos
vendréis	vendríais
vendrán	vendrían

ver – sehen

Partizip: **visto**

Präsens	*Presente de subjuntivo*	Bejahender Imperativ
veo	vea	–
ves	veas	ve
ve	vea	vea
vemos	veamos	veamos
veis	veáis	ved
ven	vean	vean

Futur I	*Condicional*
veré	vería
verás	verías
verá	vería
veremos	veríamos
veréis	veríais
verán	verían

Stichwortregister

Die Zahlen bezeichnen die Seitenzahlen.